고요한 마음으로 그대를 본다

고요한 마음으로 그대를 본다

1판 1쇄 펴낸날 2024년 10월 30일

지은이 김승국

펴낸곳 시와시학
펴낸이 송영호
대표 김초혜

주소 서울특별시 동대문구 망우로21길 45 (202호)
전화 02-744-0110(대표)
　　　010-8683-7799(핸드폰)
전자우편 sihaksa@naver.com(회사)
　　　　sihaksa1991@naver.com(편집부)

출판등록 2016년 1월 18일
등록번호 제2021-000008호

ISBN 979-11-91848-24-3 (03810)
값 1,2000원

* 저자와의 협의에 의해 인지를 생략합니다.
* 잘못된 책은 바꾸어 드립니다.

김승국 시집
고요한 마음으로 그대를 본다

시학
Poetics

■ 시인의 말

　시詩는 모든 문학 장르에서 가장 오래된 역사를 가진 예술 양식이다. 유학 오경五經의 하나인 중국 최고最古의 시집 『시경詩經』에서도 시란 "마음속에 움직이는 바가 곧 뜻이 되고, 그것이 마침내 그대로 머물러 있지 못하고 절실한 언어로 다듬어져서 밖으로 나타나면 곧 시가 된다."라고 하지 않았던가?

　시詩는 일상 속에서 사라져가는 자아를 회복하게 하고, 힘겹게 살아가는 사람들을 위로하고 희망을 갖게 하는 힘을 갖고 있다. 또한 자신을 둘러싸고 있는 자연과 사람을 대하는 마음과 시선을 따뜻하게 해주어 어떻게 하면 보다 인간답게 살아갈 수 있을 것인가를 사유하게 한다.

　그러나 요즘은 시詩가 자취를 감추어가고 있다. 참으로 안타까운 일이다. 비록 시가 사라져 가는 세상이라지만 나는 시詩가 있는 따스하고 넉넉한 세상에 살고 싶다.

 젊어서는 치열하게 써야 시詩인 줄 알았다. 이제는 그러고 싶지 않아서 좋고, 솔직해져서 더 좋다. 툭툭 가지치기 해가며 사니 더 높은 곳으로 오르기 쉬워져 참 좋다. 이번 시집에 실린 시들은 시를 쓰려고 하지 않으면서 쓴 시이다. 한마디로 쉽게 쓰인 시이다. 이번 시집이 메마른 시대를 살아가는 독자들에게 위로와 공감의 책이 되길 바란다.

2024년 10월을 보내며
김승국

차례

004   시인의 말

제1부

015   서시序詩
017   강 너머
018   들꽃, 아리랑
021   기도
024   쉽게 쓰인 시
025   빙폭氷瀑
027   시인과 컴퓨터
028   꽃은 고요히 피어나고
030   왜 내 마음은
031   집착
032   처음처럼
033   카르페디엠
034   홀로 날아가는 새
035   무심無心
036   오늘
037   바람이나 마음이나
038   난을 바라보며
039   꽃

041	상황·36
042	그리운 그대
043	눈 내리는 아침에
045	나무·1
051	나무숲으로 간다
052	나무는 말하지 않는다
054	이면 裏面
055	보이는 것이 다가 아니다
056	텃밭에서·1
057	텃밭에서·2
059	행복
060	아침 꽃
061	방하착 放下着
062	바람꽃
064	괜스레
065	순진의 꽃
067	선택
068	고요한 마음으로
069	라일락 꽃 피고 지고
071	자유와 행복
073	유홍초
074	산길
075	무제

제2부

- 079 혼자라도
- 080 '챗GPT', 너에게 묻는다
- 081 황사
- 082 길
- 083 新살풀이
- 085 더 자도 꿈, 덜 자도 꿈
- 086 우리는 어떠한 꽃을 피우며 살아가는 것일까
- 089 일어서는 밤
- 092 그래서 사랑은
- 093 시인의 노래
- 094 아라비아 숫자
- 095 인생
- 096 출근길·1
- 098 출근길·2
- 099 나의 묘비명
- 100 부산함
- 101 외로움
- 102 소중한 본질
- 103 오늘 같은 날에는

105	잠
107	죽음·1
108	강
110	자식
111	결국은
112	이별
114	입장 차이
115	이른 봄꽃의 의미
119	세월
120	태양
123	이 화상아
124	호테 형! 나 좀 도와줘!
128	그릇
130	정신과 육체의 변증법
131	실연失戀당한 그대에게
132	소금鹽
133	그렇게 살면 되지
135	스마트폰 전화번호
136	봄바람
137	그런 사람이 되게 하소서
139	나는 언제 죽을까

제3부

- 143 꽃은 져도
- 144 제자리
- 145 공간
- 147 참자유
- 148 소망과 욕심
- 149 어느 사진작가의 유작
- 150 이런 사람들
- 151 라오스의 춤, 란냅
- 153 계시 啓示
- 155 귀향
- 156 다시 만나리
- 157 내 마음의 수채화
- 158 내가 나에게
- 161 네가 이해해라
- 162 추모라는 것도
- 163 죽음·2
- 165 가시
- 166 거울 앞에서
- 167 나는 내가 돌본다
- 168 세금
- 169 사람만 특별한 존재일까
- 170 그 길
- 171 과거는 흘러갔다

173	내가 나를 속이고 있다
174	마음 편히 살고 싶다면
175	뱃사공이 봉이냐
176	태풍이 북상한 날에
178	길상사吉祥寺에서
180	꿈
181	장맛비는 쉼 없이 내리고
183	판소리
191	백제금동대향로百濟金銅大香爐
195	님이 주신 연희演戲
198	남도 흥타령
201	기산모곡岐山慕曲
203	육자배기
205	탈춤
209	처용무處容舞
212	농악
215	아리랑
218	산조散調
221	태평무
223	강강술래
225	검무劍舞
227	줄다리기
229	시집 해설	김태균

제1부

서시序詩

시詩로부터
자유로워지고 싶은 시를 쓰고 싶다.

뜬구름 잡는 공허 가득한 시가 아니라
땀 냄새 나는 시를 쓰고 싶다.

쥐어짜며 쓰는 시가 아니라
누에 실처럼 줄줄 배설되는 시를 쓰고 싶다.

배가 고프면 고프다고
몸과 마음이 아프면 아프다고
울화가 치밀면 화를 내고
기쁘면 기쁘다는 시를 쓰고 싶다.

절망하기 위해서가 아니라
희망을 구하는 시를 쓰고 싶다.

서쪽에서 해가 떠 동쪽으로 지는 시가 아니라
동쪽에서 해가 떠 서쪽으로 진다는 시를 쓰고 싶다.

떠밀려 가는 시가 아니라
내 발로 스스로 걸어가는 시를 쓰고 싶다.

보여주기 위해 쓰는 시가 아니라
나의 존재를 확인하는 시를 쓰고 싶다.

어쩌다 시인이 되어 쓰는 거룩한 시가 아니라
그냥 보통 인간으로서의 평범한 시를 쓰고 싶다.

신(神)이시여!
오늘 하루를 온전한 나의 시간이 되게 하시고
나를 위한 시를 쓰게 하시고

욕심이 있다면
힘겹고, 절망하고 있는 사람들이
우연히 나의 시를 본다면
그들에게 치유와 위안이 되는 시를 쓰게 하소서.

강 너머

강 너머 바라보니 참으로 아름다운데
강 너머 사람은
이곳이 아름답다 하네.

길 떠난 나그네는
고향집을 그리워하고

나무 심는 남자는
길 떠나는 나그네를 부러워하네.

들꽃, 아리랑

전란의 상흔이 안개처럼 온 세상을 덮고 있을 때
아리랑 고개, 잡초 흐드러진 길가 모퉁이에
풀씨 하나 싹터 피어났다네.

비바람 거세게 흔들어대도
때론 땡볕 무더위 속에서도
누구 하나 보듬어주지 않아도

들풀은
아리랑 고개에서
석 달 열흘 쉼 없이
뿌리를
깊이, 깊이 내렸지.

들풀이 바라보았던 아리랑 고개는
사연도 많은 고개였어라.

임을 보내며 눈물로 얼룩진 고개
떠난 임을 기다리며 한숨짓던 고개

푸른 꿈을 안고 넘어가던 희망의 고개
때론 절망을 안고 돌아오던 한 많은 고개.

들풀은 아무도 거들떠보지 않아도
아리랑, 아리랑
남몰래 홀로 노래를 부르며

고개를 넘어가던 바람과도
밤하늘 홀로 떠가는 달과도
보잘것없는 작은 별과도 대화하며
인고의 시간을 보내었지.

길고 긴 겨울이 오고
땅속에 내린 뿌리가 얼어붙고 저려와도
시작이 있으면 반드시 끝이 있다는 믿음으로
길고 긴 겨울을 이겨내었지.

아리랑 고개에도 봄이 찾아왔다.
봄을 향하여 힘차게 꽃대를 올려

의지의 들꽃을 피워내는
아리랑 고개.

역경의 세월을 이겨내야 아리랑 고개지.
너도 부르는 아리랑
나도 부르는 아리랑

그럼, 그렇지
아리랑, 아리랑, 아라리오
아리랑 고개를 넘어간다.

기도

나에게는 나의 신神이 있다.

아름답게 피어나는 꽃들을 바라보노라면,
밤하늘에 셀 수 없이 수많은 별을 바라보노라면,
끝없이 펼쳐진 대지와 바다를 바라보노라면,
불어오는 바람과
끊임없이 내리는 눈과 비를 바라보노라면,
새로 태어나는 아기를 바라보노라면,
분명 신이 있음이 느껴진다.

그 많은 것을
인간과 동물, 풀 나무, 물고기들에게
고루 나누어 주셨으니
위대한 분임이 분명하다.

내가 생각하기에 그분은
직접 우리를 재판하기보다는
우리 스스로가
지혜롭게 살아가기를 바라고,

그분이 우리에게 물려준 자연이
베풀어주는 것을 함께 나누며
사이좋게 어우러져 살기를 원하는 것 같다.

나는 날마다
보이지 않는 나의 신에게 기도한다.

길고 긴 밤 어둠을 보내고
빛으로 대지를 밝혀주는 태양에도
불볕더위 속에 불어오는 한줄기 시원한 바람에도
목마름을 풀어주는 물 한 컵에도
나에게 주어진 환경과 조건에 감사할 수 있는
넉넉한 마음을 갖게 해달라고.

그리고
여유와 미소로서 사람을 대하고
사람과 자연을 사랑하는 것이
내 삶의 근본이 되고
나 자신이

하루의 온전한 주인이 되게 해달라고.

미지의 곳에서
내가 이 세상에 빈손으로 왔듯이
내가 왔던 미지의 곳으로
빈손으로 떠날 것이기에

결국,
이 세상에 내 것은 없는 것이기에
내가 잠시 빌려 썼다가
앞으로 올 미래의 누군가에게 돌려주어야 하기에
작은 것에도 감사하고
사람과 자연을 사랑하며 살아가다
떠나게 해달라고.

나는 오늘도
보이지 않는 나의 신에게 기도한다.

쉽게 쓰인 시

늙으니
시를 쓰려고 하지 않고
시를 써서 참 좋다
이렇게 좋고 편한 것을.

젊어서는 치열하게 써야 시詩인 줄 알았다.
이제는 그러고 싶지 않아서 좋고
솔직해져서 더 좋다.

둑둑 가지치기를 해가며 사니
더 높은 곳으로 오르기 쉬워져
참 좋다.

이렇게 좋은 것을.

빙폭 氷瀑

마음을 비운다는 것은
얼마나 치열한 저항인가.
일렁이는 마음은 파도와 같은 것.

파도를 잠재우기까지는
기다림이 필요하듯
우리의 마음을 잠재우기까지는
시간이 필요하다.

잠 못 이루는 번뇌와
이글거리는 욕망과
증오심은
한없이 마음을 황폐하게 한다.

자기를 버린다는 것은
얼마나 아름다운 일인가.
남을 용서하는 마음에서
나를 버리는 첫걸음이 시작되고
마음을 비우는 그릇이

비로소 마련된다.

마음을 비우고자 하는 자여
바람이 몰아치는 겨울에
산으로 가라.

가서
암벽에 꽁꽁 얼어붙어 있는
빙폭을 보아라.

아무도 찾아주지 않는 그곳에서
낮과 밤을 쉬지 않고
얼마나 눈이 부시도록
자신을 탈색시키고 있는가를 보아라.

그리고
그대의 지친 영혼을
겨울이 끝날 때까지
저 빛나는 빙폭 위에
걸어두라.

시인과 컴퓨터

컴퓨터를 켜고
모니터에 한글 '새문서'를 불러낸다

사각의 A4 용지 빈 화면이 나를 응시하며
예수처럼 속삭인다.

"정직해라. 진실해라.
그러면 좋은 글로 응답해 주리니."

꽃은 고요히 피어나고

찾아와 주는 이 없어도
꽃은 고요히 피어나고
나무는 스스로 뿌리를 내려
가지를 뻗는다.

봐주는 이 없어도
밤하늘의 별은 스스로 빛나고
파도는 바람과 얼싸안고
스스로 일렁인다.

이 고요한 시간.
삼라만상은
제 자리를 지키는데

너는 잠 못 이루고
무엇을 기다리나.
무엇을 바라는가.

네 마음의 등불을 켜고

너를
고요히 응시하라.

왜 내 마음은

하늘은
눈과 비, 바람과 구름을 묵묵히 담고

땅도
산천초목山川草木을 다 담는데

왜 내 마음은
작은 너 하나도
다 담지 못하는 것이냐.

집착

집착은
물 위에 비친 달을 잡으려는 것.

잡으려 손을 뻗치면
홀연히 흩어져 사라지지만

가만히 바라보고만 있으면
결코, 달은 떠나지 않지.

처음처럼

'처음처럼' 소주를 마신다.
누가 이름을 지었는지
이름 한번 잘 지었다.

사랑을 처음처럼 한다면
친구를 처음처럼 만난다면
그 누구와 만나도 처음처럼 만난다면
매일 매일을
처음처럼 산다면

하루하루가 설렘이요
하루하루가 선물일 것이다.

카르페디엠

피어나는 꽃은
지는 것을
두려워하지 않는다.

만개한 벚꽃이
바람에 날리어 떨어진다.

함박눈처럼 떨어지는 꽃의 모습이
이보다 더 아름다울까.

이 찬란한 모습
다시 볼 수 있을까
욕심내지도 마라.

다시 못 볼
지금 낙화落花의 아름다움에
그저 행복해야지.

홀로 날아가는 새

비 오는 날 하늘 높이 홀로 날아가는 새는
사정이 있어 날아가는 것일 텐데

새를 바라보는 사람들은
외롭고 슬픈 새라 하네.

홀로 산길을 가는 내 마음은
고요하고 행복하기만 한데

저 멀리서 나를 바라보는 사람들은
나를 외롭고 쓸쓸한 사람이라 하네.

무심無心

꽃구경 아직 시작도 못 했는데
목련화
너는 벌써 떨어져
땅바닥을 뒹구느냐.

오늘

어제의 나를 잊으니
오늘의 나도 나쁘지 않다

바람이나 마음이나

한곳에 머무르지 못하는 것은
바람이나 내 마음이나
매한가지

생겼다 없어졌다 하는 것도
바람이고, 마음이지.

오늘 부는 바람
내일 떠날 줄 알고
마음 또한
그러리라는 것을 안다면

영원히 사랑하겠다 해놓고
떠나버린 사람
원망할 일도 없겠지.

난을 바라보며

지켜보지 않아도
난은
제 자리에서
말없이 꽃을 피우고
소리 없이 향을 피운다.

정갈한 아침.
두 손을 모으고
나도
향그런 마음의 꽃내를
힘껏 올려보자.

꽃

저절로 살아가는 사람 없듯
저절로 피는 꽃은 없다.

헬 수 없는 수많은 낮과 밤,
어두운 땅속에
뿌리를 내리는 고통을 이겨내고
비바람 속에 가지를 뻗어
피어나는 것이
꽃일지니

귀한 사람
천한 사람 없듯
귀한 꽃
천한 꽃이 있을 수 없다.

꽃 한 송이 함부로 꺾지 마라
그 앞에서 경건하게 무릎 꿇고
진심으로 수고했다 토닥이며
꽃 한 송이

또 한 송이
고이 모셔가라.

상황·36

 우리는 무엇에 내기를 걸고 사는 것일까? 처음부터 우연을 꿈꾸고 시작하는 슬롯머신처럼 불확실한 미래를 향하여 초조하게 시간의 코인을 계속해 집어넣고 있는 것이 아닐까? 우리는 때때로 암담하고 절망적일 때조차도 정직하지 못하다. 왜냐하면, 너무도 처참해진 자신을 확인하는 것이 두렵기 때문이다. 내가 가슴앓이를 앓고 있다는 것을 깨닫고 병원의 문을 두드렸을 땐 이미 때는 늦어 있었다. 가래처럼 마구 뱉어놓은 가식의 언어들이 무덤처럼 쌓여서 나를 조금씩 부패시키고 있었다. 이렇게 사는 것이 내일도 모레도 마찬가지라면 차라리 죽음을 택하는 것이 낫지 않을까 생각도 해보았다. 그러나 지금도 어딘가 땅을 뚫고 솟아오른 잡초의 끈질긴 생명이 그대로 의미 있는 것이라면 매일 매일 절망하더라도, 끝내는 죽음이 절망을 잠재울 때까지 끈질기게 나의 심장의 불꽃을 피워야 하지 않을까? 우리는 홀로 깨어있을 시간이 필요하다. 깨어있다는 것은 고통스러운 것이지만 진실에 가장 가까이 닿아있는 것이기에.

그리운 그대

아직 가시지 않았나요.
어젯밤 꿈에 보이시더군요.

어여 가셔서 쉬고 계세요.
금방 따라갈게요.

눈 내리는 아침에

하염없이 눈이 내린다.
점점이 내리는 눈송이 하나하나가
흘러간 시간 되어 내린다.

젊은 시절에 내렸던 눈은
설렘이고,
벅찬 그리움이었다.

그때는
부질없고 허망한 것에 매달려
절실하고 절박했던 시간을 보냈지만

젊음 그 자체는
눈부신 시간이었다.

눈이 내린다. 하염없이.
거리에도, 내 마음에도.
흘러간 시간 되어 내린다.

시간이 모여 세월을 이루듯이
내리는 눈송이 하나하나 모여
눈길을 이룬다.

젊은 날을 소환해내는
눈 내리는 아침에.

나무 · 1

나는 나무다.
마을이 내려다보이는 작은 언덕에
서 있는 나무.

내 모든 가지를 하늘 높이 올려
기지개를 켜는 아침
햇살은 어김없이 찾아와
나의 잎새에 살포시 내려앉는다.

때로는 거센 바람이 불어와
나의 잎새를 흔들어대기도 하지만
살랑거리며 다가온 바람이
나의 잎새를 흔들며 빛나게 하기도 한다.

가끔 이름 모를 작은 새가
날아와 앉아
실컷 수다를 떨다 떠나가기도 한다.
다음 날 그가 또 찾아올 때도 있지만
다른 작은 새가 찾아오기도 한다.

그런 일은 내게 너무도 익숙한 일이다.
새가 오고 떠남은
내 마음대로 되는 것이 아니다.

그래도 좋다.
나를 찾아와 와 주는 작은 새가 있다는 것만으로도
행복하다.

때론
아침 햇살이 찾아오지 않는 날도 있다.
또 어느 날은
먹구름이 끼고 비바람이 불어
나를 온종일 흔들어대는 날도 있다.

어떤 날은
내 가지를 부러뜨릴 정도로
비바람이 심하게 몰아칠 때도 있다.
그러나 그러한 비바람도
언젠가 잦아든다는 것을 알고 있으니

그냥 견뎌내기만 하면 된다.

모든 것은 영원한 것은 없다.
계절도, 사랑도, 생명 또한 모두 그렇다.

내가 서 있는 언덕 위
어떤 나무는 지난해 떠나버렸고
또 어떤 나무들은 태어나 새 가지를 뻗기 시작했다.

그냥 이 자리에서 영원히 살고 싶지만
나 역시 언젠가 떠날 것이고
이 언덕 위에는 여전히 나무들로 숲을 이룰 것이다.

나를 찾아와 노니는 새들의
새끼, 또 그의 새끼가
이곳을 찾아와 지저귈 것이다.

봄이 오면
나는 내 마음을 다해 꽃을 피운다.

그것도 내 온몸 가득히 꽃을 피운다.

내가 꽃을 피울 때는
한때는 내가 대단하고
영원히 아름다울 것으로 생각했지만
한 해 두 해 꽃을 피우고 떨구는 것을 거듭하다 보니
꽃을 피우는 것 자체에 의미를 두고
그냥 그것으로 만족해하기로 했다.

봄을 보내고 여름이 오면
꽃이 떨어진 자리의 상처가 아물면
그 자리에 달콤한 열매가 자리 잡는다.
상처가 지나간 자리가 아름답다는 것을
매해 매해 느낀다.

나의 열매 또한
꽃이 떨어진 흙으로 되돌아간다.
내가 출발했던 곳도 흙이요
내가 갈 곳도 흙이다.

가을이 오면
나의 초록색 잎새들은
더는 초록의 모습이 아니지만
연분홍 저녁노을 색깔을 닮아간다.
아마도 나의 사계四季 중
가장 아름다운 계절이 아닌가 싶다.

자연은 나에게
이제 겨울을 맞이할 준비를 하라고
넌지시 말해준다.

겨울이 다가온다.
나의 잎새는 모두 떠나갔다.
이번 겨울에는
혹독한 추위를 견디지 못해
나에게는 마지막 겨울이 될 수도 있고
또다시 봄을 맞이할 수도 있지만
분명한 것은 힘겨운 겨울을 보내야 할 것이다.

그래도 좋다.
내일은 알 수 없는 것
오늘 이 언덕의 모든 것을 사랑하면서
불어오는 바람에 응답하고
살포시 내려앉는 햇살에 자리를 내어주고
마실 온 작은 새의 수다 소리에 귀 기울여주며
저녁이 오면 깊은 잠에 빠질 것이다.

나무숲으로 간다

나무 우거진 숲으로 간다.
하늘로 하늘로 향하여 오르는 나무의 군락.
몸통 곳곳에 줄기가 떨어져 나간
상처의 흔적들.

솟아난 가지 모두를 데리고는
그 무게에
하늘로 오를 수 없다는 것을 알기에
스스로 부러뜨리고 떨어뜨리며
몸을 가볍게 가볍게 하여
하늘로 하늘로 올랐다.

진정 그대는
지고한 삶을 살고 싶은가.

그렇다면
그대의 끊임없이 솟아 나오는
욕망과 번민의 가지를
스스로 부러뜨리고 떨어뜨리며
몸과 정신을 가볍게 하라.

나무는 말하지 않는다

본격적인 봄은 좀 더 기다려야 되지만
내 마음엔 이미 봄이 와있다.
조금 설렌 마음으로
아파트 주변 길을 거닐며 나무들을 본다.

회양목, 소나무, 주목, 목련, 은행나무, 향나무, 매화나무, 벚나무, 박태기나무
서로가 자신의 공간을 묵묵히 지키고 있다.

그들은 봄을 맞이하는 모습이
서로 다르다.
겨우 내내 푸른 잎을 잃지 않고 있는 회양목과 소나무도 있지만
겨우 내내 꽃망울, 잎망울을 준비해 온 목련 같은 나무들도 있다.

나무들은 저마다 사는 방식은 다르지만
다른 나무들을 부러워하거나 얕잡아보지 않으며
흔들림 없이 자신의 방식대로 잎과 꽃을 피운다.

나무는 말하지 않는다. 비명도 지르지 않는다.
하지만 나무는 인간이 볼 수 없는
입과 눈과 귀가 있다.

다만 거세게 불어오는
비바람에 대답하는 자신만의 입이 있고
다른 나무의 공간을 침범하지 않는 자신만의 눈이 있으며
지나가는 사람들이 하는 이야기를 모두 들었으면서도
누구에게도 전하지 않는 성숙한 귀가 있다.

오늘만은
혹독한 겨울을 이겨내고,
봄을 준비하고 있는 나무를 향하여

아무 말 없이
고요하고 따뜻한 시선으로
오래오래 나무를 바라보자.

이면裏面

잔뜩 흐린 먹구름 뒤에
태양이 빛나고 있듯

거친 산 너머에
아름다운 들판이 펼쳐져 있듯

무심한 척하는 바라보는 내 모습 뒤에
뜨겁게 너를 사랑하는
내 마음이 보이지 않니?

보이는 것이 다가 아니다

광활한 푸른 바다가 있다면
그 밑엔
바다를 받쳐주는 거대한 뻘이 있다.

반짝이는 별이 있다면
별을 더욱 빛나게 해주는 어둠이 있다.
쌀 한 톨이 있다면
그 속에 스며있는 농부의 한숨과 땀방울이 있다.

내게 주어진 행복한 공간과 시간이 있다면
그런 공간과 시간을 가능하게 해준
누군가의 고마운 땀과
희생과 눈물이 있다.

보이는 것이
다가 아니다.

텃밭에서 · 1

날이 좋으면 그런대로 좋고
비가 오면 그런대로 좋지.

날이 좋은 날은 모종을 심고
바람 거센 날은 고춧대 세우고
비가 오는 날은 하루 쉬면 되지.

인생사도 그래
잘 나가면 그대로 좋고
힘겨우면
쉬어 가면 되지.

텃밭에서·2

텃밭에 들렀다.

채소와 과실나무는
제 자리에서
묵묵히 제 할 일을 하고 있다.

작약꽃, 붓꽃, 장미꽃, 찔레꽃이 어여쁘게 피어 있다.
복숭아, 매실나무, 블루베리는 꽃을 떨구고
이미 열매를 준비해 두었다.

오이, 호박, 상추, 토마토, 가지, 더덕, 인삼과 참취는
건강한 가지를 뻗어
수확을 약속해 주고 있다.

이렇게 이놈들은
들를 때마다
지친 나에게 결실의 선물로
작은 기쁨을 준다.

나는 무엇으로
사람들을 기쁘게 할까.

보고 배우라는 듯
이렇게 자연은
묵묵히 제 할 일을 하고 있다.

행복

괴나리봇짐 둘러매고
행복 찾아 나선 지 수십 년

무심하게 흘러가는 구름 보고
행복이 있는 곳이 어디냐 물었더니

어깨에 멘 짐만 내려놓으면
그곳이
보일 것이라 답하더라

아침 꽃

몸서리치도록 차갑고 길고 긴 밤을
견디지 못했다면

떠오르는 아침 해를 향해
피어난 너의 모습이

이토록 눈부시게
아름다울 수는 없으리

방하착 放下着

열심히 내려놓고 있어요.
어제보다 훨씬 가벼워졌네요.
이렇게 편한걸….

내일은 더 내려놓을 거예요.

바람꽃

참을 만큼 참았다
그 길고도 긴 겨울

삭풍에 몸을 떨던 그 길고 긴 겨울밤도
인내하고 또 인내하면서
눈부시게 피어날
꽃망울을 준비해 두었다.

이웃집
생강나무, 복수초, 노루귀, 얼레지도
봄을 맞이할
준비를 다 끝냈다는 전언(傳言)이다

순리란
막는다고 막아지는 것이 아니라는 것을
꽃 피워 똑똑히 보여주리라

영원한 시련과 고통은 없다는 것을
활짝 피어 희망으로 증명하여 보여주리라

아직은 바람이 거세고 차갑지만
내 여린 몸을 흔들어대도
나는 의연히
나의 봄을 기다릴 것이다.

괜스레

꽃을 바라보며 예뻐한다고.
꽃은 행복해할까.

꽃을 시큰둥하게 바라본다고 해서
꽃이 불쾌해할까.

내가 뭐라 해도
꽃은 자기 생긴 대로 피어나는
그저 꽃일 뿐.

꽃은 가만히 있는데
괜스레
나 혼자 수선을 편다.

순진의 꽃

끊임없이 쏟아지는 빗소리가
추억을 불러낸다.

오랫동안 잊고 살았던
친구의 얼굴이,
그리고 그녀의 이름이
창문을 타고 흘러내리는 빗물처럼 또렷해진다.

끔찍이 나를 생각해 주고
현실에 마음을 굳게 닫았던 내 마음을
열게 해주었던
따뜻하고 고마웠던 친구.

그녀의 얼굴도,
그리고 그 이름조차
기억의 헛간 속에 가두어 두고 살았다.

세월이라는 것이 이런 것이구나.
기억해야 할 것은 잊고 지내고

흘려보내야 할 것은
부둥켜안고 살아온 세월이었다.

아직도 비가 세차게 내린다.
빗소리는 어둠 속에 숨겨졌던
기억들을 드러내어
나를 마주하게 한다.

이제는 고백하리.
하염없이 내리는 빗물에
일그러진 현재의 내 모습을 씻어버리리.

그리고 젖은 땅 위에,
잊어서는 안 될
소중한 기억들의 싹을
다시 틔워
순진의 꽃을 피워가며 살리라.

선택

한글 파일을 연다.
모니터 하얀 바탕 위 커서가
글 달라고 깜박거린다.

갑자기 똥이 마렵다.
똥을 눌 것인가.
꾹 참고, 자판을 두들겨 글을 쓸 것인가.

살아가는 시간은
늘 선택을 강요한다.

고요한 마음으로

꽃을 바라본다.
나에게 바라는 것도 없고
나 또한 바라는 것도 없기에
꽃을 바라보는 내 마음은
고요하다.

꽃을 바라보듯
고요한 마음으로

그대를 본다.

라일락 꽃 피고 지고

옛적 그날도
라일락 꽃 아름답고 향기로웠는데
오늘 내 앞에 선 라일락 꽃
여전히 아름답고 향기롭다.

세월 따라
라일락 꽃 피고 졌듯이
오늘 핀 라일락 꽃 지면
내년에도 새롭게
라일락 꽃 피어나겠지.

거울에 비친 내 모습은
앳된 소년은 간데없고
흰머리 날리는 주름진 노년의 모습.

두꺼운 껍질을 뚫고
힘겹게 몇 송이 꽃을 피워낸
저 고목처럼

이 소중한 시간과 공간에
몇 송이 꽃이라도 피워
작은 향기 피우려 한다면
그것도 욕심일까.

봄, 여름, 가을, 겨울
그리고 다시 봄.

라일락 꽃
피는 봄에.

자유와 행복

마치 누에가 스스로 고치를 만들어
그 속에 갇혀 살 듯
고치를 틀어
자신을 가두어 살지 마라

이 꽃 저 꽃 넘나드는 나비처럼
창공을 날아가는 저 새처럼
훨훨 자유롭게 살아라

지나온 세월도 꿈이고
가야 할 세월도 꿈일지니

산정山頂의 고고한 현인보다는
혹한이 몰아칠 때 따뜻하게 몸을 녹여주는
숯 같은 사람이 더 빛나는 것

자유와 행복은
머나먼 낙원보다는

한 움큼의 햇빛에 기뻐하는
새벽 들꽃 위에 머물러 있을지도 몰라

유홍초

이 산하에
피었다 떠나간
산꽃 들꽃이여
그대들은
꽃으로 오고 싶다 하지 않았으나
꽃으로 와서
꽃잎은 꽃잎대로 보내고
뿌리는 뿌리대로 남기고 떠나야 했다.
이제
다시 올 꽃들은
어디메쯤 피었다가
또다시 떠나가야 할 것인가.

그러면
앞뜰 찬바람에 떠는 유홍초여
그대는
내가 바라보는 유홍초인가
나를 바라보는 유홍초인가.

산길

툭툭 털어버리고
산길을 걸으니
온 산이 다 내 것이더라.

무제

흘러가는 구름을
스쳐 가는 바람을 바라보듯

오늘 하루쯤은
종일 멀찍이서
나를 바라보고 싶다.

제2부

혼자라도

혼자 있어도 행복하다면,
흘러가는 구름과도
밤하늘의 별과도 이야기 나눌 수 있다면

고독한 자라도
외롭지 않다.

그렇지 못하다면
누구와 함께 있어도
외롭다.

'챗GPT', 너에게 묻는다

시인 안도현은
'연탄재 함부로 발로 차지 마라
너는 누구에게 한 번이라도 뜨거운 사람이었느냐'
라고 하였다

나도 '챗GPT'에게 묻는다

'인생과 예술을 함부로 논하지 마라
너는 누구에게 한 번이라도 뜨거운 인공지능이었느냐'

황사

날이 개어오니
그 빈자리에
염치없이 황사가 들어차는구나.

보낸 너를 잊으니
그 빈자리에
쓸쓸함만 가득 차는구나.

길

바람결에 흔들리는 나무를 바라보면
잎사귀의 흔들리는 소리를 들으면
바람길이 느껴지지

그 길 말고
오르막길, 내리막길,
함께 가는 길도 있지

그보다 더 따뜻했던 길은
유년의 나를 보듬어 짐새우시던
어머님의 부드러운 손길도 있었지.

新살풀이

암흑의 깊고 깊은 터널 속에
흰 손수건을 늘어뜨리다.

그대는
시공時空을 가르는 장막.
영靈과 육肉을 연결하는 고리.
핏빛 같은 구음口音에 맞추어
몸짓하는 정신.
치열한 영혼의 투쟁 끝에
내걸은 하얀 깃발.
어둠을 더욱 어둡게 해주는
백색白色의 논리論理.
난파된 마음으로
푸른 바다 위를 혼자 날아가는 나비.
계면조로 울어대는 밤바다가
해안에 탄식하듯 뱉어놓은
무겁고 허연 한숨.

머무른 듯 움직이고

가는 듯 멈춰서는
그대는
차라리 흐느낌이어라.

추어라 추어라
귀신의 춤
할머니의 춤
찢겨진 내 영혼의 춤을.

더 자도 꿈, 덜 자도 꿈

꽃은 져도 다시 피지만
젊음은 지면 다시 피지 않는다.

겨울이 가면 다시 봄이 오지만
흘러간 시간은 다시 오지 않는다.

세월의 강물 위에 젊음을 떠나보내니
흰머리 흩날리며
어느덧 황혼의 부둣가에 닿았구나.

인생은 한바탕 꿈이라 했으니
더 자도 꿈일 것이요,
덜 자도 꿈일 텐데
조금 더 자겠다고
욕심내면 무엇하리.

우리는 어떠한 꽃을 피우며 살아가는 것일까

길고 긴 겨울이 물러나고
봄이 왔다.

아파트 뜰 나무에
갖가지 꽃이 다투어 피고 있다.
개나리꽃, 진달래꽃, 벚꽃, 목련꽃, 산수유꽃.
겨울을 이겨냈다는 것을
꽃을 피워 증명하고 있다.

꽃을 바라보는 나는 행복하다.
꽃들도 행복할까?
그럴 수도 있고,
그렇지 않을 수도 있다.

이 시각,
강원도 깊은 산속
발길 닿지 않는 곳에서도
꽃은 만발해 있을 것이다.

그 꽃들은 행복할까?
그럴 수도 있고,
그렇지 않을 수도 있겠다.

사람들도 꽃과 같다.
돈과 명예를 한 몸에 누리며 살아가는 사람들도 있고
남들이 알아주지 않아도
묵묵히 행복하게 살아가는 사람들도 있다.

남들이 행복할 것이라 여겨도
자신이 행복하지 않으면 행복하지 않은 거다.
남들이 측은할 것이라 여겨도
자신이 행복해 하면 행복한 거다.

나무든, 사람이든
모두 다 저마다의 꽃을 피운다.
어떠한 꽃을 피우는가는
자신이 알아서 할 일이다.

오늘 우리는
어떠한 꽃을 피우며 살아가는 것일까?

일어서는 밤

바람 속에 서 있어도 어디로 불어 가는지
강가에 서 있어도 어디로 흘러가는지
모른다 나는.

고상한 분들이 클래식 감상을 하시는 이 밤.
하루치의 생존을 위해
오괄팔 거리*에서
분을 짙게 바르고
손님을 받는다 나는.

긴 잠에 빠진 미이라처럼
먼지에 뒤덮인 내 유년일랑
골방 속에 처박아 놓아라.

독립투사였다는 아버지가 남긴 것은
판잣집과 가난뿐.
어제도 오늘도 내일도
약속된 것은 없었다.
어린 시절 만화 속의 악당이 비참하게 죽어가는 것

을 보고서
우리 동네 친일파 나으리가 비참하게 죽는 것을
나이 먹도록 기다려 보았어도
그는 화려하고 안락하게 죽었고
신문 한쪽 귀퉁이에 원로 이 아무개 옹 별세라고
사진까지 얹혀 나왔다.

지금까지 이겨온 것은
번쩍이는 위선과 불의.
용서는 치욕을 낳고
믿음은 배신을 낳고
정직은 만신창이를 낳았을 뿐이다.

키워 보자 분노의 나무를
품어 보자 복수의 칼을.
그리고 기다려 보리라.
모순의 벽이 무너져 내리는 그날까지
끝까지 살아남아.

바람은 어디로 불어갔는지
강물은 어디로 흘러갔는지
두 눈을 부릅뜨고
살아서 보리라.

고상한 분들이 클래식 감상을 하시는 이 밤.
하루치의 생존을 위해
분을 짙게 바르고
손님을 받는다.
나는.

* 오팔팔 거리 : 밤거리의 여인들이 몸을 파는 사창가

그래서 사랑은

돌이켜 보면
사랑하는 사람과 함께 바라보던 노을이
제일 아름다웠다.

돌이켜보면
내가 제일 빛났던 때는
사랑하는 사람이 내 곁을 지켜주고 있었을 때였다.

그래서 사랑은 할 만한 거다.

시인의 노래

고요한 시간.

내 맘의 형태 닮은
닮은꼴 언어 찾기.

언어는
깨어진 유리 조각.

내 손은 찢기어 피에 젖는다.

끝없고 힘겨운
홀로의 작업.

부질없는 짓이라 탓을 한다면
사는 것도 부질없기는
매한가지.

아라비아 숫자

0,1,2,3,4,5,6,7,8,9
너를 아라비아 숫자라고 부르면서도
아무도 너에게서
아라비아를 떠올리진 않아.

네가 아라비아로 오기 전
인도에서 출발했다 해도
아무도 너에게서
인도를 떠올리지 않아.

모든 숫자는
더하고 빼고 곱하고 나눌 수도 있다지만
0에서 출발하여
다시 0으로 돌아오지.

기쁨, 노함, 슬픔, 즐거움 또한
더하고 빼고 곱하고 나눌 수 있겠지만
무無에서 출발하였기에
다시 무無로 돌아오지.

인생

마음은 고요한데
몸은 배고프다 밥 달라하고

몸은 편안한데
마음은 허기져 있네.

평생을
그렇게 왔다 갔다 하다가

서산에 해는 기울어
길고 긴 내 여행도
이젠
마쳐야 하네.

출근길 · 1

출근길 봉화산역 지하철에 오른다.
지하철 6호선 종점이자 출발역인 봉화산역 인근에 살기에
부잣집에서 태어난 사람의 마음으로
출발역부터 느긋하게 앉아서 출근한다.

6호선 중간역에 사는 사람들은
운이 좋으면 앉아 출근하지만
대부분 서서 고단한 출근을 할 것이다.
인생이란 원래 그렇게 불공평한 것이다

달려가는 열차 안.
스마트폰에 집중하는 사람
그냥 이곳저곳을 둘러보는 사람
먹거리를 찾는 짐승처럼 앉을 곳을 찾기 위해 초조히 둘러보는 사람
느긋이 눈을 감고 잠을 청하는 사람
시선을 피해 그냥 눈을 감고 가는 사람

인생도 각자의 모습으로 살아가듯이
열차 객실 안 사람들도 모두 각양각색이다.

내가 내려야 할 고려대역이 다가온다.
열차 안 사람들은
같은 공간, 같은 시간에 나와 함께 있었으니
대단한 인연이었지만
인연은 딱 여기까지이다.

나는 나대로 가고
그들은 그들 갈 곳으로 간다.

출근길·2

출근길 담장 밖으로
샛노랗게 머리를 풀어 제쳐놓은 개나리꽃 뒤로

늠름하게 서 있는
푸른 소나무.

그 위로
넓게 펼쳐져 있는 푸른 하늘빛.

보노블복 틈새 사이로
머리를 내밀고 피어난 보랏빛 제비꽃.

다툼 없이 모두가
자기 자리를 지키고 있는데,

출근길
사람들 걸음만 조급하다.

나의 묘비명

남의 일이라고만 생각해 왔던 부고 소식이
최근 들어 눈이 자주 간다는 것은
늙었다는 것이겠지.

누구에게나 오는 삶의 마침표.
몇 년 후가 될지
내일이 될지도 모르는
나의 마침표.

무념무상의 시공간으로 사라지면 그뿐인 것을
특별히 준비한다고 무엇이 달라질까.

내 묘비명에 이런 말이 제격일 거다.
"김승국! 그냥 왔다 갔다"

부산함

앰뷸런스 한 대가 경적을 울리며 황급히 달려가고 있다.
생사의 갈림길에서 촌각을 다투고 있을 누군가의 시간에
버스 정류장에서 집으로 가는 노선버스를 기다리고 서 있는 내 앞에
앞다퉈 먼저 가려는 차량의 클랙슨 소리가 요란하다.

언젠가 이 세상에 없을 사람들의 부산함.

외로움

얼마나 힘들었니?
울고 싶으면 마음껏 울어라.

이리 와
내 품에 꼭 안겨보렴.

너의 마음과 몸이
따뜻해질 때까지
안아줄게.

소중한 본질

보이는 것이 다가 아닐 거야
보이지 않는 것이
더 본질에 가까울 수도 있지.

들리는 것이 다가 아닐 거야
들리지 않는 것이
더 본질에 가까울 수도 있을 테니까.

살아가며
보고, 들리는 것만으로
소중한 것들을 얼마나 많이
오해하고, 미워하고, 그냥 지나쳐버렸을까.

보지 않아도 더 많은 것을 보고
듣지 않아도 더 많은 것을 들을 수 있는
힘을 키워야 해.

고요하게
눈을 감고 보고
귀를 막고 듣자.

오늘 같은 날에는

하늘에 먹구름 끼고
봄비가 내리려 하네.

유난히 비를 좋아하던 그 사람
내 어깨에 기대어
내리는 비를
하염없이 바라보던 그 사람

그 사람은 떠나갔지만
그 목소리, 어여쁜 미소, 따뜻했던 체온은
지워지지 않는 흔적 되어
내 마음에 있네.

봄비야 내려라.
촉촉이 내려라.

다시 돌아갈 수 없겠지만
봄비를 바라보며 함께 듣던
프리츠*의 예언 같았던

'사랑의 기쁨'과 '사랑의 슬픔'을 이어 들으며

그대를
봄비처럼 느껴보고 싶다.

---

* 프리츠 크라이슬러Fritz Kreisler(1875~1962)
  오스트리아 빈 출신의 미국의 바이올린 연주자이자 낭만주의 작곡가. 감미로운 음색과 기품 있는 표현으로 모든 사람의 사랑을 받는 작품을 남겼음. 작품으로는 《사랑의 기쁨Liebesfreud》,《사랑의 슬픔Liebesleid》,《빈 기상곡》등이 있음.

잠

잠은
굳이 도를 닦지 않아도
모든 것을 내려놓는 쉼의 시간이고
어느 것에도 얽매이지 않는 자유의 시간이다.

잠은
그 누구에게도 평등한 행위이고
그 시간만큼은
도의 경지에 이르게 하기에

잠은
인간에게 내린 가장 성스러운 시간이며
수행의 시간이다.

잠이 있기에
다시 하루를 시작할 힘이 마련되는 것이니

잠은
소비의 시간이 아니라

생산의 시간이다.

잠에서 깨어나지 않는다면
죽음을 뜻하는 것이기에
영면永眠에 든다는 말도 있겠지.

영면이나 죽음이나 마찬가지라면
영면도 죽음도
모든 고뇌로부터 자유이겠지.

어느 날 죽음이 찾아온다면
잠드는 것처럼
죽음에 들 수 있기를.

죽음·1

죽음이란
신체가 멸하여
고통 없는 세계로 들어가는 것.

죽음이란
무념무상의 세계로 들어가는 것.

이처럼 좋은걸
스스로 선택하지 못하는 것은

미련 때문에 살고
가보지 않은 길을 두려워하는
사람이기에
어찌하리.

강

역사는 강물과 같아서
가야 할 곳으로 도도히 흘러간다.

그러나
그 물살의 힘과 깊이가 크다 보니
가야 할 것, 가지 말아야 할 것
쓰레기까지 뒤섞여 흘러간다.

역사는 강물 같아서
잠시 거슬러 올라갈 수도
멈추어 설 수 있어도

빛과 어둠,
기억과 망각까지 모두 거두어
도도히 흘러간다.

나의 인생 또한 흘러간다.
기억하고 싶은 추억도,
잊고 싶은 기억도

함께 더불어
세월의 강물 따라 흘러간다.

내가 떠밀려 가고 있는 그곳이
어디인지, 무엇인지
모른다.
그래서 두렵다.

자식

네가
한 떨기 아름다운 꽃을 피울 수 있는 것은
그냥이 아니다.

길고 긴 시간
오직 너 하나만을 위해
눈물과 인고의 시간을 보냈던
뿌리와 줄기와 잎새의
고단한 노동이 있었기에
꽃을 피울 수 있었던 거다.

언젠가 너도 꽃잎을 땅에 떨구어
뿌리와 잎새가 되고,
줄기와 꽃대가 되어
눈물과 인고의 시간을 보낸 후
새로운 꽃을 피우게 되겠지.

결국은

버스를 타려 정류장에 가까이 갈 때마다
내가 타야 할 노선버스가 눈앞에서 출발해 버린다.
한두 번이 아니다.
오늘도 그랬다.

눈에 보이지 않지만
내게 온 기회도
번번이 그렇게 떠나버렸는지도 모른다.

화를 낸다고 사실이 달라지는 것이 아니기에
마음 편하게 생각하기로 했다.

서둘러 간들, 기회를 잡은들
영원한 것은 없으며
결국은 종착지는 하나
인생의 종점으로 가는 것이 아니더냐.

떠나가는 것은 가는 대로 두고
여유 있게 천천히 가자.
더 천천히.

이별

서로 좋아 사랑하다
한쪽이 먼저 세상을 떠나는 것도
싫어져서 떠나는 것도
제 갈 길을 가는 것이지
배신이 아니다.

준비가 안 됐는데
이별을 고한다면
당황스럽고 섭섭하고 슬픈 것은 인지상정이지만
울며불며 매달린다 해도
이미 떠나간 마음은 되돌릴 수는 없는 것.

차라리
사랑을 나누던 시절
나를 사랑해 주고
행복한 시간을 주었던 것에
고마웠다 해라.

또 다른 사랑할 사람이
들어올 빈자리를 만들어 주어

고맙다 해라.

떠나는 사람을 배신자라 부르지 마라.
제 갈 길을 가는 것이지
배신이 아니다.

비밀을 알려주마.
지금까지의 사랑이 다가 아니다.

산을 넘으면 또 하나의 산을 만나듯
사랑을 보내고 나면 또 하나의 사랑을 만나는 것
사랑의 아픔은
시간에 의해
혹은 새롭게 시작하는 사랑에 의해 치유되는 것

그런 사랑도
너도 가고, 나도 가면
언젠가 망각의 늪 속에
우리 모두 깊이 잠기리라.

입장 차이

꽃가게 윈도에 놓인 꽃을 아름답다 하지만
꽃대를 애써 올린 꽃 입장에서는
도축되어 정육점 판매대에 올려진
소, 돼지 심정일 거다.

보이는 것이 다가 아니다.

보인다고
함부로 말하지 마라.

이른 봄꽃의 의미

해마다
길고 긴 겨울을 보내면
차가운 대지 속에서 인욕忍辱의 시간을 보낸
복수초, 얼레지, 노루귀, 바람꽃이
어김없이 가녀린 꽃대를 올려
자그마한 봄의 문을 연다.

길고 긴 차가운 겨울이
인욕忍辱과 고통스러운 정진精進의 시간이었기에
그들의 개화는
그 시간이
의미가 있었던 시간이었음을 말하는 것이리라.

원수에게 복수復讐한다는 뜻이 아니라
복福과 장수長壽를 가져온다는 복수초福壽草.

복수초 너는
꽃이 황금색 잔처럼 생겼다고 측금잔화側金盞花,
설날에 핀다고 원일초元日草,

눈 속에 피는 연꽃 같다고 설연화雪蓮花,
쌓인 눈을 뚫고 나와
열 개가 넘는 꽃잎으로 꽃이 피면
그 주위가 동그랗게 녹아 구멍이 난다고
눈색이꽃이라고도 하지.

 어린잎의 뒷면에 하얗고 기다란 털이 덮여 있는 모습이
  노루의 귀처럼 보인다고 하여 노루귀.

 노루귀 너는
 흰색, 분홍색, 보라색, 연분홍색, 진분홍색, 연보라색, 자주색, 진보라색, 남색까지
  다양한 색으로
  앙증맞게 여덟 꽃잎으로 피어나는 꽃이기도 하지.

 불어오는 바람이라는 뜻을 가진
 그리스어 아네모스Anemos에서 유래하였다고
 아네모네라고도 부르는

다섯 꽃잎의 하얀색 바람꽃.

바람꽃 너는
홀아비바람꽃, 세바람꽃, 꿩의바람꽃, 회리바람꽃,
너도바람꽃, 변산바람꽃, 만주바람꽃, 나도바람꽃으
로 피어나기도 하지.

산골짜기 계곡 가에서
때론 흰색 꽃을 피우기도 하지만
뾰족한 보라색 여섯 꽃잎을 뒤로 말아 피어나는
가재무릇이라고도 하는 얼레지.

봄을 알리는 꽃이 피고 지는 것은
수천 년도 그랬을 것이고
내가 이 세상을 떠나서도 피고 질 것이다.

아직도 봄바람은 차갑지만
가쁜 숨을 들이쉬며 거친 산등성이 길을 오르며
만나는

그대들의 모습에서

온갖 욕됨과 번뇌를 참고 견디며
열심히 수행에 힘써 향상의 길로 나아가는 수도승처럼
인욕정진忍辱精進의 의미를 배운다.

세월

세월은
희열의 시간도
고난의 시간도
추억의 곳간에 사이좋게 자리하게 하지.

실타래처럼 얽혀
풀리지 않았던 문제도
세월은
저절로 풀어지게도 하지.

살다가 힘겨운 일이 있걸랑
차라리
흘러가는 세월 속에
그대를 맡겨두렴

태양

내가 발을 딛고 서 있는 이 지구에서
네가 있는 곳까지의 거리가 1억 5천km란다.

네가 있는 곳까지 걸어간다면
무려 4,270년이나 걸린단다.

그래, 참 먼 곳에 있는 너인데
가까이 보이는 밝은 별이라고만 생각했다.

너는 아짐이면 뜨고
저녁이면 당연히 지는
그런 존재라고만 알았다.

몰랐다.
네가 있기에
내가 존재할 수 있다는 것을.

네가 있기에
추운 겨울을 이겨낼 수 있고

너의 빛으로 만물을 구분할 수 있고
낮과 밤을 구분하고
사랑하는 사람의 눈빛을 느낄 수 있고,
다가오는 위험을 피할 수 있었다는 것을 몰랐다.

너로 인해
때론 안개가 끼고, 구름이 일고, 바람이 불고, 비가 내리고,
눈이 내린다는 것을 몰랐다.

내가 마시는 물과 공기가 당연하듯
너도 그냥 당연한 존재로만 알았다.
아무도 너에게 감사함을 나타내고
말하지 않았음에도
너는 하루도 빠짐없이 묵묵히 네 자리를 지켰다.

나무가 잎을 틔우고, 풀잎이 돋아나는 것도
너를 맞아드리기 위한 공간을 마련하기 위함이라는 것을 몰랐다.

나무가 가지를 뻗고 하늘을 향해 치솟아 올라가는 것도
　다른 나무의 그늘을 피해
　너를 조금이라도 더 맞아드리기 위함이라는 사실을 몰랐다.

네가 있기에
동식물이 살아갈 수 있고
식탁에 올라가는 나의 음식물로 제공될 수 있기에
내가 실아살 수 있다는 것을 몰랐다.

너는 모든 에너지의 원천이자,
생명의 원천이다.

옛사람들이 너를 신으로 섬겼던 이유를
이제야 알겠다.

이 화상아

한때는 당대의 지성이라
한 몸에 존경받던 인간이
TV에 나와 주접을 떨고 있다,

셰익스피어는
"백합이 썩을 때
그 냄새는 잡초보다 훨씬 고약하다"라고 하였다.

악취가 진동한다. 이 화상아!
그렇게 주접을 떨고 싶다면
내가 죽은 후에나 나와서
양껏 주접을 떨거라.

호테 형! 나 좀 도와줘!

   우리 동네에 많은 사람이 모여 산다.
   한 어르신이 사시는데
   전혀 믿어지지는 않지만
   한때 정의와 민주주의를 주창하며
   자신의 안위를 돌보지 않고 투쟁하던 젊은이였다고 한다.

   그 거룩한 분은
   이제는 법을 밥 먹듯이 어기고
   약자의 산을 빼먹으며
   자신과 가족들의 안위에만 치중하며 사신다.

   그 어르신만 그런 것은 아니다.
   그런 부류의 분들은 변장술에 능하다.
   눈치채지 못하게 더 빼먹기 위하여
   때로는 정치인으로, 성직자로, 교직자로, 평론가로, 예술가로
   교묘하게 변장하고 산다.

더 웃기는 일은
이 사악한 분들을 중심으로 두 패로 갈려
서로 좌파 물러가라, 가짜 보수 물러가라 하며
거의 매일 같이 서로 멱살을 부여잡고
죽기 살기로 다투는 무지한 동네 사람들.

그런 행태를 바라보노라면
좌파, 우파 혹은 진보, 보수의 뜻도 배우지 못하고
그러는 것이 분명하다.
진정한 좌파는 상대방을 배려할 줄 알고
진정한 우파라면 정직을 우선시할 것이다.
공부가 부족해서 빚어진 결과다.

$\pi \Sigma a\,b\,c$를 가르치는 것도 중요하지만
사람답게 사는 것을 가르치는 교육이 더 중요한데
우리 동네의 학교는
학교라기보다는 입시 학원에 더 가깝다.
우리 동네가 이렇게 된 데는
학교 교육이 잘못된 결과다.

정의로운 마을, 평화로운 마을이 되려면
각자 정직하게 살고,
언행이 진실하고,
상대를 배려하고 존중하면 될 일을.

악은 응징해야 하며,
악은 반드시 응징된다고 책에 쓰여 있지만
현실에서는 공염불이다.

언제부터인가 우리 동네 사람들이
하나둘 동네를 떠나기 시작하였다.
남아 있는 사람들 사이에서는
그들이
전쟁도, 다툼도, 배고픔도, 미움도 없는
저 건넛마을로 떠나가고 있다는 소문이 나돌았다.

그런 마을이 있기는 한 건지
나는 모르지만
요즘 노래에

'테스 형! 세상이 왜 그래'라는 노래가 유행한다는데

내일 죽더라도 한 그루의 사과나무를 심는 심정으로
한 아이라도 구하기 위하여
21세기형 야학교를 세울 수 있도록
"(돈키)호테 형! 나 좀 도와줘라!"

그릇

사람은 태어날 때
작든, 크든
자기 몫의 그릇을 갖고 태어나지.

그 그릇에 자기 생각을 담고
자기의 삶도 담지.

남의 그릇을 닮으려 하지 말고
비교하지도 마라

남의 그릇에 무엇을 담든,
무엇이 담겨 있든
그의 몫이니 참견하지도 마라

그는 너처럼 될 수 없고
너도 그처럼 될 수도 없다.

불행은
비교하는 데서 싹트고

행복은
주어진 것에 만족하는 곳에 깃든다.

너의 그릇이 텅 비어있을 때
비로소 너는
자유로워지고, 평화로워진다.

정신과 육체의 변증법

정신만 고귀한 것이고
육체는 천한 것이더냐.

착각하지 마라.
그 둘은 헤어질 수 없는
동체同體이다.

육체가 없다면
정신이 머무를 곳은 없다.

혹여
육체의 심장이 멎어
정신 홀로 산다고 하여도

오각五覺 없는 그 덤덤한 삶이
그게 삶이더냐.

실연失戀당한 그대에게

배신당했다 노하거나 슬퍼하지 마라.
그 나쁜 인간이 제 발로 떠났으니
환영할 일이다.

게다가
그 나쁜 연놈에게 미안할 것 없이
더 좋은 사람 만나
사랑할 기회까지 주었으니
땡큐이다.

소금 鹽

어제
아무도 관심을 두지 않는
향토민요 연구에 평생을 보낸
원로 여류 학자를 만났다.
기립박수를 쳐주고 싶었다.

오늘
가족을 위해 돈이 되는 일이라면
허드렛일이라도 서슴지 않고 일하며 평생을 보낸
동네 맥가이버 할아버지가
며칠째 막혔던 우리 집 하수구를 뚫어주셨다.
기립 박수를 쳐주고 싶다.

이런 이들이 바로 세상의 소금이다.
그래서
세상은 더는 썩지 않는다.

그렇게 살면 되지

나무와 풀
각가지 새와 짐승들
큰 바위와 작은 바위
샘과 시냇물
모두 함께 어우러져 산을 이룬다.

사람 사는 세상도 산과 같아서
키 큰 사람, 작은 사람,
잘난 사람과 못난 사람,
남자와 여자,
성격 좋은 사람과 그렇지 못한 사람,
순한 사람과 모진 사람이
모두 함께 어우러져 세상을 이룬다.

여보게, 친구!
따지지 말게.
태어나길 그렇게 태어난걸
날 보고 어찌하라고

나무처럼 풀처럼
새와 짐승처럼
샘과 시냇물처럼 서로 어울려
그렇게 살면 되지.

스마트폰 전화번호

내 스마트폰 연락처에
입력된 수많은 이름과 전화번호.

게 중
언제 안부를 나누었던지
얼굴조차 희미한 이름들.

굳이 전화번호를 지워버릴 것까지 있겠냐마는
인연을 너무도 쉽게 생각하며 살았다는
자괴감이 드는구나.

힘겹고 외로울 때
언제든 통화 버튼을 누를 수 있는 전화번호를 찾아보니
후하게 생각해도
몇 곳이 될락 말락.

봄바람

앞산 앞에 서니
이 산이 제일 아름답더니

산 넘어가니
펼쳐진 들과 강이 더욱 아름답다.

그 들과 강 넘어가면
또 하나의
더 아름다운 마을이 있다는 것을
젊은 시절엔 몰랐어라.

그래서 다시는
젊은 시절로 돌아가고 싶지 않다.

오늘은
불어오는 봄바람에
흩날리는 내 흰 머리카락도
이만하면 제멋이다.

그런 사람이 되게 하소서

허허 벌써 내 나이가 이렇게 되었구나.
봄을 내 나이만큼이나 보냈다는 뜻이구나.

지나간 시간이 하룻밤 같구나.
허망한 것이 인생이려니.

돌이켜보니
참 많은 사람과 만났고
많은 사람과 헤어졌다.

얼마나 많은 사람에게
마음의 상처를 주었을까.
그 누구에게
기쁨과 위안을 주었던 시간은 있었을까.

이미 지나간 시간이기에
되돌릴 수는 없지만

주여!

앞으로 내게 남겨진 시간만이라도
하루하루를 선물이라 여기며

그 어느 사람도
가장 낮은 자세로 겸손하게 맞으며

슬픔보다는 기쁨을
상처보다는 위안을
절망보다는 희망을 주는

그런 사람이 되게 하소서.

나는 언제 죽을까

어머님 발인을 마치고 어머님 방을 둘러본다.
여전히 어머님의 체온이 느껴진다.

벽에 걸린 어머님 달력엔
낯익은 투박한 손글씨로
이달 말 치과 예약이 적혀 있다.

어머님은 전혀 돌아가실 준비를 하지 않으셨구나.
나는 언제 죽을까?

제3부

꽃은 져도

해마다
벚꽃은 피었다 지며
꽃길을 만들고

동백꽃은 떨어져도
땅 위에
다시 꽃을 피운다.

벚꽃과 동백꽃을 보아라.
너를 향하여
무엇을 말하고 있는지.

들리지 않는 것이냐.
듣지 않으려 하는 것이냐.

제자리

뒤도 바라보지 않고 열심히 달려왔는데
뒤돌아보았더니
제자리
부처님 손바닥이구나.

공간

새벽 3시
문득 깨어나 램프를 켠다.
적막한 주위를 핥는 램프의 혀.

메우지 못할
불치의 공간에
심지를 돋우고
거울 앞에 선다.

언제 봐도 낯선 얼굴.
불모의 시간 속에서 소멸되어 온
또 하나의 내 얼굴.

옛날
휘영청 달 밝은 밤
아버님, 할아버님
풍류로 보내시던
심지 깊은 밤

홀로 깨어
몇 줄의 시를 쓴다.

참자유

파도는 밤낮없이 출렁이지만
바다는 그대로이고

바람도, 구름도 끊임없이 생멸하지만
하늘은 그대로이다.

평생을 괴롭혔던 욕망과 번민도
파도 같은 거겠지.
바람과 구름 같은 거겠지.

그것에서 자유로워져야
돌아가는 날
가볍게 떠날 수 있다 하는데

나는 오늘도 깜박 잊고
파도처럼, 바람처럼, 구름처럼
부산하게 산다.

소망과 욕심

나 혼자 채우면 욕심이고
함께 채워간다면 소망이라 하지.

부처께서는
욕심도, 소망마저 다 비우라 하시지만

산등성이 잔설 사이에서
고개를 내밀고
봄을 기다리는 새싹의
소망 정도는 허락하시겠지.

어느 사진작가의 유작

저녁노을 붉게 깔리고
강물도 붉게 흔들리는 초저녁

사진 속 한 노인이 지게 가득
땔나무를 메고
집으로 향하여
강변 길을 걸어간다.

주름진 노인의 얼굴에 초점을 맞추고 있을
사진작가의 눈가에도
촉촉이 노을이 젖어 있었겠지.

이제는
노인도, 사진작가도
모두 저세상으로 떠나갔지만

그들이 떠나간 강가는
여전히 노을이 지고
무심히 해가 뜨고,
저문다.

이런 사람들

비둘기가
먹이를 찾아
연신 보도블록 위를 쪼고 있다.

들풀이
보도블록 틈새에 뿌리를 내리고
힘겹게 머리를 내밀고 있다.

비둘기 같은 사람들
들풀 같은 사람들.

라오스의 춤, 란넵

남방南方의 무희舞姬들이
아름다운 선율을 타고 춤춘다.

우아하게 움직이는
무희의 가녀린 손가락 하나하나에
매혹적인 이야기가 꽃피어 오른다.

긴 머리카락 나부끼며
멈춘 듯 움직이며 춤추는
무희의 손가락은

때로는
사랑의 이야기를 풀어 놓기도 하고
꽃잎이 되고
나비가 되고
아름다운 새가 되어 날아가기도 한다.

수줍은 듯 미소를 머금고
내 손을 꼭 잡고

꽃길을 함께 걸어주기도 하고

옥빛 바다가 보이는
바람 부는 언덕에
함께 서주기도 하고

무릎 베게 해주어
먼 길에 지친 내 몸을 쉬게 해주기도 한다.

내 마음은 어느새
무희들과 함께 춤추고 있다.

라오스의 춤과 무희들.
어떠한 인연으로
우리는 이 자리에 함께 있는 것일까

처음 만났으나
처음이 아닌 것 같은
란넵, 라오스의 춤.

계시啓示

사람의 지혜로는 알 수 없는 진리를
신神께서 알게 하는 것을
계시啓示라고 하지.

계시는 내게
아주 오래전부터
이미 와 있었다는 것도 모르고 살았다.

봄, 여름, 가을, 겨울
그리고 다시 봄으로 돌아가는
계절의 변화로

새벽, 아침, 한낮, 저녁, 밤
다시 새벽이 오는
시간의 흐름으로

맑음, 흐림, 눈, 비, 폭풍
그리고 다시 맑음으로 변화하는
하늘의 몸짓으로

그리고
나뭇가지 위에도
흘러가는 강물 위에도
밀려왔다 돌아가는 파도 위에도

계시啓示는
이미 와 있었다.

계시啓示는
신성한 산정山頂 위에 머무는 것이 아니라
오래전부터
내 문을 두드리고 있었다.
그걸 여태 모르고 살았다.

귀향

어머님의 따뜻한 숨결이 머무는 고향으로
되돌아간다는 것은
가슴 설렌 일이다.

인생이란 낯설은 객지 길을 떠도는 것.
객지 길이라고 마냥 고달팠겠냐만
그래도 고향만 하겠는가.

흙으로 다시 돌아가는 것
바람 따라 떠돌던
하늘로 돌아가는 것

숨을 거두셨다
돌아가셨다
소천하셨다

이 모든 말은
귀향을 이름하리라.

다시 만나리

지나가던 들고양이가 흘끗 나를 돌아다본다.
'우리 어디서 만났던가?' 하는 그런 표정으로.

그리곤 그는 다시 아무런 일도 없었다는 듯이 가던 길을 간다.
0.1초 간의 우리의 시선 교환은 이렇게 끝났다.

이렇게 단 한 번 마주친 것이
이 세상 인연의 마지막일 수 있으리.

이것도 인연이라면 인연으로 남아
3만 년 후 다시 만나자.

나는 들고양이로
너는 사람이 되어.

내 마음의 수채화

유화油畫는 잘못 그리면
덧칠로 다시 그릴 수 있지만
수채화는
덧칠해 다시 그릴 수 없지.

가야 할 날은
수채화 캔버스.

무엇을 그려볼까
붓을 잡는다.

내가 나에게

장미꽃이 아름답다 해도
모든 장미꽃이
아름다운 것은 아니다.

누구보다도 더
밤새워 땅 밑에서 열심히 물을 길어 올리고
거친 바람을 이겨내고
한낮에 내리쬐는 뜨거운 햇빛 속에서도
힘차게 가지를 뻗어,
부지런히 꽃봉오리를 만들이긴 장미가
더 아름답게 피어난다.

너는 어떠한 장미인가?

나를 살게 하는
물도, 공기도, 쌀도, 나물도, 집도, 옷도
내가 지은 것 하나도 없이
모두 주어진 것이니
모든 것에 감사하고

나의 연약함을 인정하고 겸손하자.

행복은 특별한 것이 아니고
무난한 이 시간이 곧 행복한 시간이지.

알 수 없는 훗날을 걱정하지 말고
지금 이 시각을 소중히 여기고
이 시간의 어떠한 모습인지 깊이 응시하라.

자존심이 상해 분노가 일어날 때는
치욕을 견디어내고
더 큰 미래를 맞이한 어진 이들을 떠올리고
내게 온 고난과 욕됨을 참고 견뎌라.

고난의 시간이 오면
오히려 지금의 나의 부족함을
보완하고 채울 기회로 여기고 더욱 정진하라.

복잡하게 얽혀져 도저히 풀리지 않는 일은

애쓰면 애쓸수록 더 엉키는 법이니
흘러가는 시간에 그냥 맡겨두고
가던 길을 뚜벅뚜벅 가라.

인연이 있으면 막는다고 해도 오는 것이고
인연이 아니면 간절히 원해도 오지 않으니
오는 것을 막지 말고
가는 것을 붙잡지도 마라.

모든 것은 인연으로 오고 가는 것이고
인연이 다하면 홀연히 사라지는 것이니
집착도,
기대도,
탐내지도 마라.

언젠가 네 인생의 종점에 이를 것이니
평생을 수고한
고단한 내 몸과 내 영혼에
웃으며 수고했다 작별을 고할 수 있도록
뒷모습이 아름다운 사람이 되렴.

네가 이해해라

예전 사람들은
사랑이 시작되기도 어려웠고,
헤어진다는 것 또한 어렵고 힘겨운 일이었고,
헤어져 수많은 세월을 보내도
잊기 어려웠지.

요즘 사람들은
스마트폰 세대라 달라.

마음에 들면
스마트폰 카메라 기능처럼
바로 사랑을 저장했다가

사랑이 시작된 게 오늘일지라도
마음에 들지 않으면 바로 삭제해 버리고 잊어버리는
그런 세상이 되었어.

어찌 그럴 수 있냐
슬퍼 말고
네가 이해해라.

추모라는 것도

한 시대를 풍미하던 분의 추모 행사든
떠나가신 부모님의 제사이든
문상하러 가든 말든
장례를 치르든 말든
무념무상의 세계로 사라진 이가 무엇을 알리오.

추모의 의례를 가지는 것은
생전에 충분히 받들고 모시지 못한 것에 대한
산 자의 미안함과 후회스러움이거나

망자를 내세워
자신의 현재를 더욱 굳건히 하기 위함이니

추모라는 것도
결국,
살아있는 자를 위한
웃픈 의례일 뿐.

죽음·2

어쩌다 태어나
소년기를 거쳐 젊은이가 되고,
사랑하고, 헤어지고, 수많은 사연을 쌓다가
나이 들고, 병이 들어 원하지 않아도
누구나 마주하게 되는 죽음.

인간만이 그러랴.
만물이 다 그렇지.
생명의 기간이 서로 다를 뿐.

자연으로 되돌아간다고도 하고,
또 다른 세계의 문으로 들어간다고도 하지만
사후의 세계는 추측이고, 가정일 뿐
평생을 함께했던 육신의 옷을 벗고
떠나는 것은 자명한 일.

어둠이 있기에 빛이 더욱 소중하듯
죽음이 있기에
삶이 더욱 소중하고, 의미 있는 것.

카르페 디엠!

그날이 오면
모든 것을 이 세상에 다 내려놓고
사랑하는 이들에게 고마웠다, 행복했다
작별의 인사를 고하고
미련 없이 담담히 떠날 수 있도록

미리미리 마음 연습을 열심히 하여
마음의 힘을 키우자.
메멘토 모리! 아모르 파티!

가시

미움과 분노는 마음속의 가시
아픈 기억도 마음속의 가시

어떤 가시는 뿌리를 내리고
자라기도 해

마음속 가시를 뽑아내지 않는 한
고통은 계속되지

가시를 없애는 유일한 방법은
용서하는 것.

그래도 용서할 수 없다면
잊어버리렴.
그것도 어려우면 무시해 버리렴.

그러나
잊는 것도, 무시해 버리는 것도
연습이 필요하다.

거울 앞에서

샤워하다 거울에 비친 나의 알몸을 바라본다.
한때는 눈부신 몸매를 가졌다는
부러움도 샀었는데,
지금의 내 모습이 싫다.

하지만 내 육신아
주인 잘못 만나
오랜 세월 지지리도 고생 많았다.

내 영혼아
주인 잘못 만나
오랜 세월
마음고생 너무도 많았다.

오랜 세월
고생 많았던 내 육신과,
고달팠던 내 영혼에
늦었지만
슬며시 한마디 던진다.

"고맙다. 수고했다."

나는 내가 돌본다

황제보다 더 정중하게
재벌 총수보다 더 융숭히
나를 모셔야지.

내가 없는 삼라만상은
아무런 의미도,
가치도 없잖아.

그래서
나는 내가 돌본다.

세금

한동안 잊고 지냈던
아름다운 추억을 떠올리며 행복한 시간을 누릴 때는
기대하지 않았던 뜻밖의 선물을 받는 것 같다.

그러나
잊으려 애쓸수록 더 선명히 떠오르는 악몽 같은 추억으로
우울한 시간을 보낼 때도 가끔은 있다는 것은
행복한 시간에 붙는 세금이겠지?

사람만 특별한 존재일까

숲길을 걷는다.
갖가지 수목이 저마다 가지를 뻗어 숨 쉬고 있다.
쟤들은 무슨 생각을 하며 살까.

강변을 걷는다.
물속을 들여다보면
갖가지 물고기들이 바삐 움직이며 연신 입질하고 있다.
쟤들은 무슨 생각을 하며 살까.

잔디밭을 걷는다.
넓은 잔디밭에 앉은 갖가지 새들이 연신 먹이를 쪼아 먹고 있다.
쟤들은 무슨 생각을 하며 살까.
거리를 걷는다.
수많은 사람이 몰려오고 몰려간다.
저들은 무슨 생각을 하며 살까.

풀 나무나, 물고기나, 새들이나, 사람이나
세상에 왔다 가기는 마찬가지인데
사람만 특별한 존재는 아니겠지.

그 길

지금은 발길 끊어진
시골 폐가 담장 옆
빛바랜 희미한 길.

그 길 위를 걷던
옛 일가―家의 두런거리는 목소리가
봄 아지랑이 되어 어른거린다.

비가 오고, 또 오고
흙바람 불고, 또 불어
그 길을 덮어버리면
개망초만이 가득히 피어나겠지.

갈 곳이 있어 걸어가는 길만
길이 아니라
정처 없이 걸어도
길이기에

갈 곳 없는 나도
그 길 위로 걸어간다.

과거는 흘러갔다

과거의 일로 현재를 망치지 마라
과거 없는 현재는 없으나
그렇다고
과거는 현재가 아니다

과거에서 현재를 배워야 하지만
과거는 흘러갔다.

나쁜 일은 누구에게나 일어날 수 있으나
한 번으로 족하다.

한 번은
나쁜 일을 저지른 자가 잘못이지만
똑같은 일이 반복된다면
본인의 잘못이니
그 누구를 탓하랴.

과거의 영광에도 사로잡혀 살지 마라
그것은 과거의 일일 뿐이다.

원망하는 마음도,
과거의 상처도,
모두 과거의 시간으로 돌려보내라.

과거로부터
현재를 자유롭게 해방하라.

내가 나를 속이고 있다

옛날에 한 시각장애인이 살았다.
세 살에 시력을 잃어 40년을 시각장애인으로 살았다.

어느 날 길을 가다 기적같이 시력이 되돌아왔다.
그런데 그는 길에서 소리 내어 울고 있었다.
그것은 기쁨의 눈물이 아니라 슬픔의 눈물이었다.

길을 가던 사람이 그 이유를 물어보았다.
그 시각장애인 대답인즉슨
"옛날에는 불편한 것도 없고 의심과 혼란이 없었는데
눈을 뜨고 나니 천지가 요란하고 산천이 뒤엉키고
모든 의심이 내 가슴을 막아 버리네요."

그러자 길 가던 행인이 말을 건넸다.
"그러시면 도로 눈을 감으시죠.
당신을 괴롭히는 것은
당신의 눈이군요."*

* 연암 박지원의 『열하일기熱河日記』 중 서화담 선생 일화에서

마음 편히 살고 싶다면

원한은 물에 흘려보내고
은혜는 바위에 새겨두라지만

원한은 바위에 깊이 새겨두고
은혜는 물에 가벼이 흘려보내는 이 많다.

마음 편히 살고 싶다면
고마움은 잊지 말고
베푼 것은 잊어버리렴.

베푼 것 다 잊었는데
고맙다고 찾아주는 이 있다면
비웠는데 내 마음 채워주시니
그 사람이 은인이겠지.

뱃사공이 봉이냐

옹기 장사가 회오리바람에 옹기 짐이 무너져 박살이 나자 원님에게 가서 호소했다. 원님은 북으로 가는 뱃사공을 불러 놓고 "넌 무슨 바람이 불어야 하느냐?" 물었더니 "남풍이 불어야 한다."라고 대꾸하였다. 다음엔 남으로 가는 뱃사공을 불러 물어보니, "북풍이 불어야 한다."라고 대꾸하였다. 이러자 원님은 "고약한 놈들, 남풍 불어라 북풍 불어라 하고 서로 빌고 고사를 지내고 하니 남풍 북풍이 한꺼번에 불어 회오리바람이 되어 옹기 장수의 짐을 넘어뜨렸으니 마땅히 너희들이 옹기 값을 물어주어야 한다고." 라고 판결을 내렸다,

태풍이 북상한 날에

태풍이 북상하였다.
왜 이곳까지 온 힘을 다해 달려왔을까?

머나먼 필리핀 앞바다에서
몸부림치듯 똬리를 틀어
먹구름 불러내고
비바람 불러내어
북으로 북으로 북상하여
오늘 아침 불암산 넘어
이곳에 노착하였나.

긴 머리 풀어헤치고
산등성이 타고 넘어온 바람이
내 창문을 세차게 두드린다.

문을 열어줄까
아니면 외면할까

창밖의 바람은

몸부림치며 흐느끼며 외롭다 한다.

그러나 나만큼 외로울까
나는 늘 외로웠다.
소리 내어 울지 않았지만
내 깊은 심연의 늪은
늘 눈물로 가득했다.

바람아
딴 데로 가봐
따뜻하게 너를 반겨 안아주고 싶지만
난 너무 외로워서
네 외로움을 달래줄 여유가 없다.

바람은 내 마음 아랑곳없이
연신 창문을 두드리며 소리친다.

문 좀 열어주세요.
문 좀 열어주세요.

길상사吉祥寺에서

모진 바람
내 마음에 어지럽게 불어대는 날이면
길상사에 간다.

그곳에 언제나
법정 스님이 계시기 때문이다.

잊으실만하면
찾아가 뵙기를 청하니

이 사람아
죽은 사람을 왜 자꾸 불러내는가 하시면서도
늘 포근히 맞이해 주신다.

길상사의 뜨락에는
스님께서 뿌려 놓으신
청빈의 도道와
맑고 향기로운 삶이 어려있기에

스님과 아무 말씀 나누지 않고 함께 거닐기만 해도
그저 좋다.

가끔은 시인 백석과
그의 연인 '길상화' 보살이 동행해 주면
그들의 뜨거웠던 사랑을 느낄 수 있어서 더욱 좋다.

나의 삶이 지치고 힘들 때
언제라도 찾아가 쉴 수 있는 곳
길상사더라.

꿈

살아온 날은 한바탕 꿈이었다.
꿈이었으니
무슨 꿈을 꾸었는지 뭐 그리 중요할까.

살아갈 날도 꿈이리라.
꿈일 것이니
무슨 꿈을 꾸든 뭐 그리 중요할까.

꿈인 듯 현실인 듯 머물러 가는 오늘

진경산수 속의 도인처럼
나물 먹고 물 마시며
노닐다 가면 되지.

장맛비는 쉼 없이 내리고
– 오송 지하차도 참사 젊은이들의 명복을 빌며

며칠째 내린 장맛비에
힘센 은행나무도 결국 이겨내지 못했는지
푸른 은행잎 몇 잎을 보도에 힘없이 떨구었다.

퍼렇게 질린 얼굴로
비를 맞고 보도 위에 떨어진 은행잎마다
지하차도에서 목숨을 잃은
시내버스 안 젊은이들의 창백한 얼굴이 보인다.

사람은 누구나 생로병사의 과정을 거쳐
결국은 죽음에 이르는 것은
슬프고도 당연한 이치이지만

피어보지도 못하고
쫓기듯 세상을 떠나야 했던 젊은이들이
너무도 닮았다.

떨어진 은행잎 위에도
출입 금지 팻말이 걸린

텅 빈 진흙밭 지하차도 위에도

장맛비는
무심한 건지, 염치가 없는 건지
쉼 없이 내린다.

2023. 7. 15

판소리

판소리는
소리광대가
길동무 고수鼓手의 북 반주에 맞춰
한 권의 대하소설을
노래로 풀어 놓는 것.

춘향과 몽룡의 사랑 이야기를 다룬 '춘향가',
효녀 심청과 아비 심 봉사의 이야기를 다룬 '심청가',
가난한 아우 '흥보'와 부자 형 '놀보'의 이야기를 다룬 '흥보가',
토끼타령, 별주부전이라 부르는 '수궁가',
삼국지 적벽대전을 노래한 '적벽가'

판소리는
들어주는 이가 있다면
시장바닥이든 마당이든 마루이든 방안이든
판을 펼쳐 소리하는 것,

명창이 되기 위한 길은 험난하고 고단한 길.

인물치레, 사설치레, 득음, 너름새를 두루 갖춰야
명창이라 할 수 있지.

명창이 되기 위해서는
사대법례四大法例를 갖춰야 하는 것.
이는 곧 '인물치레·사설치레·득음·너름새'라

수려한 용모와 아름다운 인물이어야 하는 '인물치레',
분명하고 정확한 발음으로
새시 있게 이야기를 이끌이 가는 '사설치레',
오음五音을 분별하고, 육률六律을 변화하여
오장五臟에서 나는 소리를 농락하여
자유자재로 구사하는 득음得音,
청중을 웃기고 울릴 수 있는 너름새.

판소리는
악보가 없이
단지 구전심수口傳心授로 전승되고,

명창이라면
사진 소리 멀리하고
자기만의 소리제와 더늠이 들어가 그 맛이 달라지고
득음을 위해 백일공부 독공獨工 마다하지 않지.

소리꾼은
진양조, 중모리, 중중모리, 자진모리, 휘모리, 엇모리, 엇중모리 장단에 맞춰
우조길, 평조길, 계면길을 따라
때로는 호기 있고 씩씩한 우조羽調 성음으로
때로는 평온하고 한가한 느낌인 평조平調 성음으로
때로는 애처롭고 슬픈 느낌인 계면界面 성음으로
때로는 쾌활하고 가벼운 느낌인 경드름 성음으로
극劇의 이면裏面을 잘 그려가며 가지.

음색에 의한 목 성음에도
뱃속에서 바로 위로 뽑는 소리라 하여 '통성桶聲'
쇠망치와 같이 견강堅强하고 딱딱한 소리라 하여 '철성鐵聲',

쉰 목소리와 같이 껄껄하게 나오는 소리라 하여 '수리성',

귀신의 울음소리같이 사람으로 흉내 낼 수 없는 신비한 소리를 '귀곡성鬼哭聲',

목청을 좌우로 젖혀가면서 힘차게 내는 소리를 '아귀성餓鬼聲'이라.

그래서
"길이 아니면 성음도 아니다."라는 말이 있고
소리꾼에게는 성음과 길과 장단은
소리의 생명과도 같지.

소리광대가
부채를 드는 이유는
부채질만을 위해서가 아니라
때로는 부채가
춘향가에서 곤장도 되고
흥보가에서 박 타는 톱도 되고
적벽가에서 관운장 휘두르는 청룡도靑龍刀도 되고

심청가에서 심 봉사의 지팡이도 되어
'너름새'의 도구로 사용하기에
부채를 드는 것이지

득음한 소리광대 하나 태어나려면
15년에서 30년 정도의 피나는 수련이 필요하기에
판소리를
우리 음악에서 최고로 치지.

명창名唱이 빛이 나려면
명고수名鼓手가 벗해야 하지.
'1 고수 2 명창'이 그냥 나온 말이 아니요,
고수가 누구냐에 따라
소리가 달라지기에 나온 말일지니.

고수가 갖춰야 할 세 가지는
자세와 추임새와 가락이지.
소리꾼을 능숙하게 이끌 줄 아는 명고수가 되려면
역시, 험난하고 고단한 수련의 시간이 필요한지라

"소년 명창은 있어도 소년 명고수는 없다"라는 옛말은
그냥 나온 말이 아닐지라,

명창과 명고수가 있다고 해도
소리를 들을 줄 아는 귀명창이 있어야 하지.
"얼씨구!", "좋지!", "잘한다!", "그렇지!", "암먼!", "으
잇!"하고
 칭찬해 주는 귀명창의 추임새로
 소리광대의 사기가 북돋아지고
 소리판의 흥이 녀해시는 것.

판소리에는
지방마다 사투리가 있듯
지역마다 소리제가 있어
이름하여
동편제東便制, 서편제西便制, 중고제中高制라.

동편제東便制는 섬진강 동쪽 남원, 순창, 곡성, 구례 등
전라도 동북 지역의 판소리를 이름하고

비교적 우조羽調를 많이 쓰고
  발성을 무겁게 하고
  소리의 꼬리를 짧게 끊고
  굵고 웅장한 시김새로 짜여 있지.
  그래서 비교적 기교와 수식이 많지 않은 창법이기에
  사설이 빈틈없이 진행되며
  박자가 빨라서 발림이 적은 판소리이지.

  서편제西便制는 섬진강 서쪽 광주, 화순, 담양, 나주, 보성 등
  전라도 서남 지역의 판소리를 이름하고
  비교적 계면조界面調를 많이 쓰고
  발성을 가볍게 하며,
  소리의 꼬리를 길게 늘이고
  정교한 시김새로 짜여 있지.
  그래서 기교와 수식이 많아 박자가 느리고
  대신 발림도 풍부하지.

  중고제中高制는 고제高制라고도 하는데

경기도와 충청도의 판소리를 이름하고
동편제도 서편제도 아닌 비동비서非東非西의 제制로서
동편제 소리에 더 가까우며
소박한 시김새로 짜져
성량이 풍부한 창자가 부르기에 좋은 판소리이지.

어느 나라의 성악에서
한 편의 대하드라마가 들어가 있고
다양한 음색에 의한 목 성음과
목 싱음의 변화를 가신 성악이 있을까?

판소리는
우리의 음악이자
혼이요,
역사이다.

백제금동대향로 百濟金銅大香爐

서기 육백육십 년
백제가 스러질 제
사찰은 불타 사라지고
너는 깊고 깊은 잠에 빠졌다

1993년 12월 12일
부여 능산리 사찰 터에서
영롱한 모습으로 다시 깨어난 너

천년의 세월 동안 묻어 두었던
백제의 슬픔과 영광을 말하고 싶었겠지

향로의 밑바닥엔 똬리 친 용이
세 다리는 바닥을 딛고
한 다리는 위로 치켜올리며
힘차게 승천하누나

용이 토해 올린 연꽃은
향로의 밑동을 이루고

연꽃 잎새마다
신선과 물고기와 뭍짐승이 한가로이 노닐고
넉넉해진 연꽃은
반원형을 이루어 향로를 떠받치네

향로의 맨 위에는
여의주를 문 봉황이 날개를 활짝 편 채
의젓한 자세로 앉아 있고

그 밑으론
일흔네 곳 봉우리가 펼쳐져 있는
극락정토極樂淨土의 봉래산蓬萊山이
봉황을 굳건히 받쳐주네

봉래산 상단부엔
피리, 비파, 소簫, 거문고, 북을 든 오악사五樂士의
아름다운 연주에
둘러싼 봉우리 다섯 마리 기러기가
어우러져 춤을 추고

봉래산 첩첩산중에는
열한 명의 신선과 수십 마리 동물들이 어우러져
극락정토極樂淨土를 이루네

용은 음陰이요, 봉황은 양陽이니
음양오행陰陽五行을 맞추어
신선과 동물이 함께 노니
도교道敎의 이상세계라

극락정토極樂淨土의 봉래산을
연꽃으로 받쳐주니
연화화생蓮華化生
불교佛敎의 이상세계라

오악사五樂士가
아름다운 음악을 연주하니
예악사상禮樂思想
유교儒敎의 이상세계라

유불선儒佛仙이
함께 어우러진 대향로大香爐는
심오한 향불 피우네

부처님께선
"가마솥의 국물을 다 마셔봐야 그 맛을 알겠느냐,
한 수저만 맛을 보면 알지"라 하셨지

"백제를 알고 싶냐.
나 하나만 보넌 안나"라고
백제금동대향로가
부처님 음성으로 말하는구나.

님이 주신 연희演戱

하늘이 열리고
님이 내리신 동방의 이 땅에
며칠 낮, 며칠 밤을
노래와 춤으로 님을 섬기는
순박하고 신명 나는 사람들이 살았습니다.

님은
노래와 춤과 음악과 놀이가
서로를 넘나들며
하나가 되어 융합하는
흥과 신명이 넘치는
멋들어진 예술을 주셨으니
그것이 연희라 하더이다.

기쁠 때나 슬플 때나
우리는
님이 주신
북, 장구, 징, 꽹과리 장단에 맞춰
구성진 노래를 부르고

탈춤을 추고 줄을 타고
열 두발 상모를 힘차게 돌렸습니다.

그러나 님이여
님이 주신 연희는
그 아름다운 연희는
일제日帝에 의해 철저히 밟혀버리고
나라는 되찾았으나
서양 나팔 소리에 안방을 내주고
행랑 신세가 되었습니다.

그러나
우리 연희 패들은 비바람을 맞아가면서
우리의 춤과 소리와 음악을 지켜냈습니다.

우리는 다시 님이 주신 연희를
다시 이 땅에 꽃 피우고
세계 방방곡곡에
멋들어진 우리 연희 판을 벌이려 합니다.

얼쑤!
국태민안國泰民安 시화연풍時和年豊!!
대한민국 만만세!

남도 흥타령

복사꽃이 바람에 떨어지는 밤
흥타령 소리가 아련히 달빛 타고 들려온다.

꿈이로다. 꿈이로다. 모두가 다 꿈이로다
너도나도 꿈속이요 이것저것이 꿈이로다
꿈 깨이니 또 꿈이요 깨인 꿈도 꿈이로다
꿈에 나서 꿈에 살고 꿈에 죽어가는 인생
부질없다 깨려는 꿈 꿈은 꾸어서 무엇을 할거나

몸비가 눈눌 되어 흐르는 궂은 밤
흥타령 소리가 빗소리 되어 들려온다.

빗소리도 님의 소리 바람 소리도 님의 소리
아침에 까치가 울어대니 행여 님이 오시려나
삼경이면 오시려나 고운 마음으로 고운 님을
기다리건만 고운 님은 오지 않고
베갯머리만 적시네

뒷마당 대숲, 가을바람 소리 스산하고

텅 빈 대청마루 위로 어른거리는 홍타령 소리

창밖에 국화를 심고 국화 밑에 술을 빚어 놓으니
술 익자 국화 피자 벗님 오자 달이 돋네
아희야 거문고 청 쳐라. 밤새도록 놀아보리라

시름 많은 이 나라에 태어났지만
그래도 축복의 선물을 받았다면
남도 홍타령이라.

홍타령은
사랑, 미움, 이별, 고뇌, 인생무상, 홍興, 한限을
석 달 열흘 달여 국물을 낸
된장찌개 맛.

홍타령은 느린 중모리장단으로
육자배기는 진양조장단으로 부르지만
둘 다 남도 계면조 선율에 부르기에
거기서 거기이지.

"아이고 데고 허허, 성화가 났네! 헤"로 끝내면 홍타령이고
"~고나 헤"로 끝맺으면 육자배기이지.
그래서 육자배기를 한바탕 부르면
바로 홍타령으로 이어지기도 하지.

세월은 가고 또 오고
사람도 오고 또 가는 것이라

술잔을 비우듯
마음도 비우면서
홍타령 소리를 들으며
모든 시름을 흘려보내리.

기산모곡 岐山慕曲*

촉촉이 보슬비 나리던 날
서당 가는 길
'골짝 골짝 산골짝에
줄기줄기 비 묻어온다'
나무꾼의 구성진 소리가
아홉 살 당신의 어린 가슴을
흔들어 놓았습니다

나라 잃었던 시절에도
어두웠던 시절에도
잃었던 국악을
다시 찾기 위해
당신은
국악의 배움터를 열고
외롭게
밭을 일구고
국악의 씨를 뿌렸습니다

당신이 있었기에

씨앗은 싹을 틔우고
가지를 뻗어
국악의 꽃을 피워
어두운 거리는
밝게 빛나고
잃었던 국악을 다시 찾았습니다.

임이여!
고이 잠드소서!

---

* 기산岐山 박헌봉(1906~1977) 선생은 경남 산청 출생으로 사서삼경을 사숙했으며, 가야금, 장단, 성악, 풍류, 가곡, 가사, 시조 이론을 사사했다. 한학자이며 국악 이론 및 국악 평론 대학자로서 8·15 해방 후 국악 재건 운동을 전개했다. 이후 그는 대한국악원장과 서울시 문화위원, 국립극장운영위원, 문화재위원, 국악협회 이사장을 역임하고, 〈국악예술학교〉(현 국립전통예술중고등학교)를 설립하여 초대 교장에 취임하는 등 국악 발전에 헌신했다. 저서로는 『창악대강』 등이 있으며 서울시 문화상, 국민훈장 동백장을 수여했다.

육자배기

육자배기는 해장국이다.
밤새워 뒤척이던 가슴앓이를 풀어주는 해장국이다.

육자배기는 부엌에서 새어 나오던 어머님의 울음소리이다.
지금에야 깨닫게 된 어머님의 속 깊은 마음이다.

육자배기는 빨랫줄이다.
눈물 젖은 미움마저도 하얀 그리움으로 말려놓는 빨랫줄이다.

육자배기는 밤새 창문을 두드리던 바람이다.
문 잠근 마음을 밤새 애타게 두드리다 서글프게 돌아가는 바람이다.

육자배기는 어린 나를 잠재우던 어머님의 손길이다.
그리움마저, 미움마저, 한숨마저, 눈물마저도 노래로 다독여 잠재운다.

꿈아, 꿈아 무정한 꿈아, 오시는 임을 보내는 꿈아
남도 소리꾼의 구성진 육자배기 소리가 들려온다.

여섯 장단, 계면조 진양조장단에 맞춰 부르는 소리라 하여
육자박, 육자박이로 불렀던 육자배기.

육자배기는 그냥 노래가 아니다.
우리네 삶이 그대로 녹아있는
피이자 살이다.

탈춤

역사가 시작할 때부터
우리의 탈춤은 시작되었다.

고구려의 무악舞樂에도,
백제의 기악伎樂에도,
신라의 대면大面, 속독束毒, 산예狻猊, 처용무에도,
고려의 산악백희散樂百戱와 산대잡극山臺雜劇에도,
조선조의 산대도감극山臺都監劇에도
탈춤은 늘 함께 있었다.

마을굿과 서낭굿에도
귀신을 쫓아내는 탈춤이 있었고
장터에도 탈춤이 늘 흥을 돋웠다.

어둠이 깔리고
둥근 달이 떠오르면
모닥불 피워놓고
삼현육각의 염불·타령·굿거리 반주에 맞춰
소맷자락 휘날리며, 한삼 자락 휘감으며

밤새도록 탈춤을 추었다.

탈춤은
춤과 음악과, 풍자와 해학이 있는 재담과 극으로
민중의 응어리진 한을 풀어주는
눈물과 웃음이 있는
민중의 종합예술이었다.

탈춤은
해학과 풍자로서 세상사를 비추는 거울이자
힘없는 서민들의
최소한의 저항이자 의사 표현이었다.

탈춤 판에는
말뚝이, 취발이가 부패한 양반과 승려를
혼내주기도 하고 골려 주기도 하여
답답한 민중의 속을 시원하게 해주었다.

탈에는 종이탈, 바가지탈, 나무탈이 있고

탈의 색은 백색·주색朱色·흑색·갈색·황색·청색 등 오방색五方色이 주가 된다.

지금 이 나라에서는
탈춤을 가면극이라 하지만
지방마다 부르는 명칭이 다르다.

북청, 명천, 영흥, 회령, 거산, 신흥, 양화 등 함경도에선 사자놀음이요
봉산, 강령, 은율, 해주, 사리원, 황주, 옹진 등 황해도에선 탈춤이고
송파, 양주, 퇴계원 등 서울, 경기에선 산대놀이요
동래, 수영, 부산진 등 경상도 낙동강 동편에선 들놀음 혹은 야류野遊요
고성, 통영, 가산, 초계, 진주, 김해 등 경상도 낙동강 서편에선 오광대五廣大요
강릉, 하회 등 강릉, 경북에선 탈놀이요
남사당놀이에선 덧뵈기라 한다.

어둠이 깔리고
둥근 달이 떠오른다.

오늘 밤에는 모닥불 피워놓고
밤새도록
삼현육각의 염불·타령·굿거리 반주에 맞춰
소리 높여 노래하고,
거친 숨을 몰아쉬며
탈춤을 추자.

처용무處容舞

휘영청 달 밝은 밤
밤새껏 노니다가 집으로 돌아와 보니
아름다운 아내 곁에 역신疫神이 누워있네.

허~ 혀를 차며
처용處容은 돌아서서
태연히 춤을 추며 노래하네.

동경 밝은 달에 밤들이 노니다가
들어와 자리 보니 다리가 넷이어라
둘은 내 해였고 둘은 누구 핸고
본디 내 해다마는 앗아간 걸 어찌할꼬

용서해서도 안 되고
용서할 수도 없는 것까지 품으며
용서하는 것이
진정 용서라 할 수 있지.

처용의 관대함에

역신은 감복感服하여 물러나
처용의 모습이 그려진 모습만 보아도
다시는 근접하지 않겠다고 약속하고 지켰다 하지.

처용무處容舞는
오방五方을 상징하는
흰색·파란색·검은색·붉은색·노란색 옷을 입은
다섯 명이
장엄하고 호방한 춤사위로
귀신을 쫓고 부귀를 불러온다 해서
벽사진경辟邪進慶의 '오방처용무五方處容舞'라 불리기도 하지.

처용이 바라보았던
신라의 달이
다시 떠오른다.

오늘 밤은
천 년 전으로 거슬러 올라가

처용과 함께
한바탕 춤이나 추어보자.

농악

농자천하지대본農者天下之大本이라
예로부터 우리나라는
농사가 근본이었던 나라.

농악은
농민의 노래요, 춤이요, 극이요, 대동 놀이요, 기원이다.

나라에선 농악이라 칭하지만
우리는 풍물이라는 이름을 더 사랑하지.

경기, 충청엔 웃다리농악이요,
강원도엔 영동농악,
경상도에 영남농악,
전라도엔 호남 좌도농악과 호남 우도농악이라.

우리는 풍물로
마을의 안녕과 풍년과 풍어를 기원하였고,
풍물, 풍장, 매구魅鬼라고도 하였다.

마을 기금을 마련할 때는 걸궁, 걸립,
힘겨운 농사일을 함께 할 때는 두레라 했다.

태평소잽이가 멋들어지게 가락을 불러 젖히고
북, 장구, 징, 꽹과리, 소고 장단을 맞추면

온 동네 사람들을
어깨춤 추고, 노래하고
온 마을 하나 되게 하는 것이 풍물이라.

마을굿, 길놀이, 지신밟기, 다리밟기, 거북놀이, 차전놀이, 줄다리기, 당산굿
그 어느 것에도 풍물이 들어가야 제격이지.
무동 태우기, 상모 놀음, 열두 발 상모놀이, 자반 뒤집기, 버나 돌리기, 잡색 놀음으로
눈요기가 더욱 풍성한 우리 풍물.

두레패가 떴다 하면
용기龍旗가 앞장서고,

이어서 상쇠, 부쇠, 중쇠, 끝쇠가 치배를 이끌고
설장구, 부장구, 삼장구, 끝장구 등 장구잽이와
징잽이, 북잽이, 소고잽이가 뒤따르고
무동舞童, 대포수大砲手, 각시, 양반, 조리중, 화동花童
등 잡색雜色이 흥을 돋우는

그 어느 나라
그 어는 곳에도 없는 것이
우리 풍물이라.

아리랑

아리랑 아리랑 아라리요
아리랑 고개로 날 넘겨주오

떠나가네, 떠나가네
고향 땅을 떠나가네

고달프고, 서러워서
떠나가네, 떠나가네

아리랑 아리랑 아라리요
아리랑 고개로 날 넘겨주오

잘 있거라 고향 땅아
고달프고, 서러워서
떠나가네, 떠나가네
정든 고향 떠나가네

아리랑 아리랑 아라리요
아리랑 고개로 날 넘겨주오

아~ 아~ 으~ 아~
내 고향 복사골에
육자배기 노랫가락 사라지고
임 없는 길고 긴 밤 어이하리

언제 올까, 우리 임은
언제 올까, 우리 임은

아리랑 아리랑 아라리요
아리랑 고개로 날 넘겨주오

아리랑 아리랑 아라리요
아리랑 고개로 날 넘겨주오

아리랑 아리랑 아라리요
아리랑 고개로 날 넘겨주오

복사꽃이 바람에 떨어지네,
떨어지네

아리랑 아리랑 아라리요
아리랑 고개로 날 넘겨주오

산조散調

산조散調는
인생과 자연의 모습을
가야금 소리로, 거문고 소리로, 대금 소리로,
때론 피리, 해금, 아쟁 소리로
그려낸 독주곡.

살포시 불어오는 바람의
잔잔한 숨결 소리이기도 하다가
노도怒濤와 같이 거센 숨결로
대나무 숲을 흔들어대는 바람 소리.

때론
품에 안긴 아기와 어머니와 주고받는 이야기가,
사랑하는 연인들이 주고받는 밀어密語가
숲속 짝 찾는 뻐꾸기 소리가 들리기도 한다.

산조는
빛과 어둠,
긴장과 이완을 오가고

물과 같아
때로는 시냇물처럼 유유자적하게 진양조로 흐르다
때로는 폭포처럼 격정적인 휘모리로 흘러내리다가
다시 거대한 강물을 이루어 조용히 마무리한다.

산조 한바탕을 듣고 나면
장단과 길바꿈, 성음이 어우러진
판소리 한바탕을 듣고 난 여운이 남아
산조를 악기로 하는 판소리라고 하는가 보다.

판소리 한바탕하기 전 목을 푸는 단가가 있다면
산조 한바탕하기 전
줄 고르고 손 푸는 '다스름'이 있다.

산조에는
기쁨과 노여움, 그리고 슬픔과 즐거움
절정과 쇠락함
모든 삶의 모습이 그려져 있고
황톳길 흙냄새와

풋풋한 풀 향기와
때론 들꽃 향기로 가득하다.

태평무

모란꽃 수 놓은 연두색 당의唐衣와
남색 속치마에 빨간색 겉치마를 입고
왕비가 춤을 춘다.

나라의 태평성대를 기원하며
예전에는 왕과 왕비가 함께 추는 춤이었는데
지금은 왕비만이 춤을 추네.

아정하고 단아한 아악의 선율이 아닌
투박하지만 울림 깊은
진쇠, 낙궁, 터벌림, 올림채, 도살풀이, 터벌림
무속 장단에
현란하리만큼 화려한 발놀림으로
민초民草의 경기도당굿 선율을 얹어
절제된 호흡으로
섬세하고 단아하며 절도 있는 손놀림으로
춤을 추네.

발디딤 하나, 하나에 무게를 실어

장중하고 의연하게 춤추는 그 깊은 뜻을
예전엔 몰랐어라.

어머님 모신 무덤가
바람에 흔들리며 피어난 들꽃을 바라보다가

태평무가
모진 세월 시련의 시간을 보내신
어머님의 춤이라는 것을
문득
이제야 깨닫노라.

내 어이 다 알리오.
아무리 주어도, 주어도 모자라고
아무리 주어도, 주어도
측은한 시선을 거둘 수 없는
어머니의 마음을.

강강술래

휘영청 보름달이 떠오른다.
동네 총각 모여라, 동네 처녀도 모여라
새 각시 나와라, 새신랑도 나와라.

마을 사람들
하나, 둘 모여들어
손에 손잡고 돌아가네.

설소리꾼이 구성진 소리를 메기면
마을 사람들 다 함께 강강술래하고 답하지.

강강술래 강강술래
저기 저기 저 달 속에 강강술래
계수나무 박혔으니 강강술래

늦은 강강술래로 돌아라
자진 강강술래로 돌아라.

설소리꾼 매기고 이끄는 대로

밤새도록
강강술래는 이어지지.

설소리꾼 지쳐
누가 가사 지어 소리를 매겨도.
기꺼이 다 함께
강강술래하고 받아주지

바로 지은 가사에는
자신의 기구한 이야기도,
마을의 이야기도 실리지.

눈에 맞는 총각, 처녀
잡은 손에
슬쩍 수건 쥐어주며
마음 함께 전해주지.

강강술래, 강강술래.
강강술래, 강강술래.

검무劍舞

양손에 검劍을 든 무희舞姬들이
영롱한 눈빛으로
검을 회오리바람처럼 돌리기도 하고
소매로 어르기도 하네.

서로 마주 보고
춤추며 나아갔다 물러났다 하기도 하고
자리를 바꿔 등지기도 하고
서로 마주 보고 꿇어앉아 검무를 추네.

검을 들고 춤추다, 백제 왕을 찔러 죽이고 순교한
신라 소년 관창官昌의 영혼을 달래기 위해
무동舞童이 관창의 얼굴 가면을 쓰고 검을 들고 춤추었다는
검무는 이제 먼 전설이 되었다.

조선 영조 조 단원 김홍도의 그림 부벽루연회도浮碧樓宴會圖에서
혜원 신윤복의 그림 쌍검대무雙劍對舞와 신관도임연

회도新官到任宴會圖에서도
　전립戰笠을 쓰고, 전대戰帶를 가슴에 두른 전복戰服을 입은
　양손에 검을 든 두 명의 기녀가
　삼현육각의 반주에 맞춰 현란하게 춤추고 있듯이

　지금도 검무는 그때 그 모습 그대로
　진주검무, 통영검무, 경기검무, 호남검무, 평양검무, 해주검무 등의 모습으로
　팔도 여인의 춤으로 면면히 전승되고 있네.

　검劍을 들고 춤춘다는 것은
　무사의 위용을 보이기 위함일진대
　어찌하여 검이
　아리따운 무희들의 손에 쥐어진 것일까?

　무희들이 검무를 추는 숨은 뜻은
　검으로서 나라를 지키고,
　검으로서 모든 액을 물리치는
　애국과 벽사辟邪의 뜻일지라.

줄다리기

볏짚을 모아 새끼를 꼬아
암줄을 만들고
수줄을 만들어라.

오늘은 정월 대보름!
모두 모여
힘껏 줄을 당겨라!

징을 울려라!
줄을 당겨라!
이영차! 이영차!

풍물을 힘껏 쳐라!
이영차! 이영차!

경기도에서는 '줄다리기',
충청도에서는 '강다리',
전라도에서는 '강다리',
경상도에서는 '줄땡기기'라.

이겨도 좋고
져도 좋다.
이기면 논농사 잘되고
지면 밭농사 잘된다.

줄다리기 끝나면
재빨리 줄 잘라가자.

거름에 섞으면 농작물이 잘 여물고,
지붕에 올려놓으면 아들을 낳고,
불임不姙 여자가 달여 먹으면 불임 병이 완쾌하고,
병자가 달여 먹으면 병이 완쾌하고,
소를 먹이면 소가 잘 크며 튼튼해지고,
출어出漁할 때 가지고 가면 풍어가 들고
보를 막으면 물이 풍부해지고
대문 앞에 걸어두면 액이 침범하지 못한단다.

동네 사람들! 모두 모여라!
줄을 당기자!
이영차! 이영차!

■ 해설

처용의 관용과 화해를 노래한, 아리랑 고개에 핀 들꽃의 노래
- 김승국의 시세계

김태균(문화평론가)

1. 들꽃의 노래

"바람이 분다. 살아야겠다." 절망 같은 암흑의 시대에 쓰인 폴 발레리의 시詩「하오의 연정」중 마지막 시구가 절규처럼 다가왔다. 바람도 없는 열대야의 침묵이 강요하던 시절은 어릴 적 끝없는 나락으로 떨어지던 악몽처럼 상생이 눈앞에 다가왔다. 바람도 없는 날, 시인은 바람을 일으킨다. 그래서 시인의 말은 살아있는 생명이다. 시대를 꿰뚫는 웅변이다. 김승국 시인의 시를 읽으며 "시여! 침을 뱉어라!"는 분노를 읊

조리던 김수영 시인의 얼굴을 본다. "누가 하늘을 보았다 하는가"라고 절규하며 진달래 산천을 노래한 신동엽 시인의 민족애가 다가온다. 그리고 이내 '구름에 달 가듯' 인생을 걸어가는 나그네처럼 박목월 시인과 같이 걷고 있는 김승국 시인을 본다.

김승국 시인의 시는 아주 견고하면서도 깊이 있는 정서적 단도리가 있는 투명한 언어가 돋보인다. 왠지 모를 허무함이 밀려오기도 하지만 때때로 관조적 명상으로 다가오는 청징한 말들이 감동적으로 온다. 비유컨대 김승국은 들꽃의 시인이다. 마치 그의 인생을 담은 듯한 「들꽃, 아리랑」을 읽다 보면 인동초의 삶을 이겨낸 시인의 얼굴이 보인다.

> 들풀은 아무도 거들떠보지 않아도
> 아리랑, 아리랑
> 남몰래 홀로 노래를 부르며
>
> 고개를 넘어가던 바람과도
> 밤하늘 홀로 떠가는 달과도
> 보잘것없는 작은 별과도 대화하며
> 인고의 시간을 보내었지.

〈중략〉

의지의 들꽃을 피워내는
아리랑 고개.

역경의 세월을 이겨내야 아리랑 고개지.
너도 부르는 아리랑
나도 부르는 아리랑

그럼, 그렇지
아리랑, 아리랑, 아라리오
아리랑 고개를 넘어간다.

- 「들꽃, 아리랑」 부분

인고의 세월을 풀어낸 아리랑은 시인의 삶이었다. 어찌 보면 그의 시는 그런 아리랑 고백이었다. 시는 본래 노래이다. 노래하듯 절로 풀리는 시야말로 우리들 마음을 편하게 한다. 아리랑 고개는 늘 역경의 고개였다. 아리랑 따라 시인의 인생이 펼쳐진다. 시인은 아리랑 속에서 자신의 고난에 찬 삶을 스스로 일체화하고 있다. "의지의 들꽃을 피워내는""역경의 세월을 이겨"낸 아리랑을 아리랑 고개를 넘으며 부르고 있는 것이다. 그래서 "그럼, 그렇지 아리랑"과 같은 추임새가 절로 나올지도 모른다. 실제로 시인은 오랜 기간 한국의 전통음악과 역사를 같이한 이력을 가지고 있다.

한여름 밤 장한몽과 같은 인생길, 시인의 빈 마음에 흐르는 빗물과 같은 이 시집은 총 3부로 펼쳐져 있다. 그야말로 아리랑 인생이다. 너도 나도 그리고 마침내 우리가 되고 하나가 되는 것이 시인의 생이다.

2. 보이는 것이 다가 아닌 현실세계, 나는 자유와 행복이다.

1부는 시인의 치열한 현실 인식과 바투 관조와 경계를 통해 이룩한 시인의 평상심을 읽을 수 있다. 시인은 들꽃처럼 살아왔고, 그래서 그의 시에서는 유독 꽃에 대한 예찬이 자주 읽혀진다. 꽃을 통한 자화상을 생생히 접할 수 있다. 시 「보이는 것이 다가 아니다」는 드러나지 않는 것을 보는 심미안으로 물아일체를 통한 상호일체화의 현상을 본다.

> 광활한 푸른 바다가 있다면

그 밑엔

바다를 받쳐주는 거대한 뻘이 있다.

반짝이는 별이 있다면

별을 더욱 빛나게 해주는 어둠이 있다.

  ―「보이는 것이 다가 아니다」 부분

 인용 시는 "광활한 바다" 밑 "거대한 뻘"이 있고, 별이 있으면 "더욱 빛나게 해주는 어둠"이 있다고 말한다. 도道는 음양陰陽이 순환하는 길이다. 빛과 어둠, 밤과 낮이 지나가는 길이다. 그러나 우리는 때때로 보이는 현상에만 매달리는 우를 범하고 산다. 하지만 시인이란 삶의 이면裏面을 읽는 존재이다. 이면을 본다는 말 그대로 시인은 겉이 아닌 속을 본다. 판소리를 흔히 이면의 예술이라 하는데 이면에 숨어 있는 아름다운 경치를 소리로 풀듯이 시 또한 그런 이면의 멋을 드러내 주는 것이다. 이면에 대한 성찰은 시 「나무는 말하지 않는다」에서 확연히 드러난다. 시인은 나무가 하고 싶은 말을 대신 전한다.

  나무들은 저마다 사는 방식은 다르지만

다른 나무들을 부러워하거나 얕잡아보지 않으며
흔들림 없이 자신의 방식대로 잎과 꽃을 피운다.

나무는 말하지 않는다. 비명도 지르지 않는다.
하지만 나무는 인간이 볼 수 없는
입과 눈과 귀가 있다.

-「나무는 말하지 않는다」 부분

아무 말 없는 나무를 보지만 시인과 나무는 서로 교감하고 있다. 나무가 시인에게 전해준 말은 가령, 이렇다. "나무는 말하지 않는다/비명도 지르지 않는다." 그리고 "하지만 나무는 인간이 볼 수 없는 입과 눈과 귀가 있다." 말도 비명도 없지만 입과 눈, 귀가 있다고 나무는 주체 선언을 한다.

봄, 여름, 가을, 겨울을 사는 시인처럼 나무도 사계를 산다. 이에 따라 「나무·1」에서 시인과 나무는 하나가 된다.

나는 나무다.
마을이 내려다보이는 작은 언덕에
서 있는 나무.

〈중략〉

모든 것은 영원한 것은 없다.

계절도, 사랑도, 생명 또한 모두 그렇다.

-「나무 · 1」부분

  나무는 늘 그 자리에 있다. "모든 것은 영원한 것은 없다/계절도 사랑도, 생명"도 모두 있는 그대로의 존재감으로 공존한다는 사실을 밝히고 있다. 시「상황 · 36」에는 현실에서 체감하는 나무 같은 시인의 말이 들린다. '가래처럼' 마구잡이 가래처럼 '뱉어놓은 가식의' 말들이 거리에 횡행한다.

  우리는 때때로 암담하고 절망적일 때조차도 정직하지 못하다. 왜냐하면, 너무도 처참해진 자신을 확인하는 것이 두렵기 때문이다. 내가 가슴앓이를 앓고 있다는 것을 깨닫고 병원의 문을 두드렸을 땐 이미 때는 늦어 있었다. 가래처럼 마구 뱉어놓은 가식의 언어들이 무덤처럼 쌓여서 나를 조금씩 부패시키고 있었다. 이렇게 사는 것이 내일도 모레도 마찬가지라면 차라리 죽음을 택하는 것이 낫지 않을까 생각도 해보았다.

-「상황 · 36」부분

 그러나 말은 안 하지만 나무가 알 듯, 나도 안다. 우리는 "절망적일 때조차도 정직하지 못"하고 "가래처럼 마구 뱉어놓은 가식의 언어들은" 거리에 널부러져 있다. 시인에게 파리한 시각은 죽음을 향하는 칼끝과도 같다. 죽음의 문턱에서 시인은 늘 내려놓기를 한다. 내려놓기는 삶을 가볍게 한다. 그리하여 시 「방하착放下着」에서 시인은 어제도, 내일도 내려놓기를 일상화하고자 하는 마음을 보여준다.

> 열심히 내려놓고 있어요.
> 어제보다 훨씬 가벼워졌네요.
> 이렇게 편한걸….
>
> 내일은 더 내려놓을 거예요.

-「방하착放下着」 전문

 그런 내려놓기를 통해 시인은 늘 꽃과 같은 삶을 사는지 모른다. "더 내려놓을" 내일처럼 시인이 꽃이고, 꽃처럼 산다. 시 「유홍초」는 꽃과 같은 삶을 살고자 하는 마음을 표현한다. 시인은 "앞뜰 찬바람에 떠는 유홍초여/그대는 내가 바라보는 유홍초인가 나를 바라보는 유홍초인가."라고 묻는다. 장자의 꿈과 같이 내가 나비인지, 아니면 '유홍초'가 나인지 묻고 있다. 또 다른 시 「라일락이 피고 지듯」에 보면 인간 또한 나고 늙고 죽고 태어난다. 그러나 거울에 비친 내 모습을 보며 시인은 늘 아름답고 향기로운 라일락 꽃향기로 남고자 한다. 바람처럼 가는 인생이다. 바람에 흔들리지 않을 꽃이 어디 있을까. 시 「바람꽃」에 보면 흔들림 속에서도 의연히 나의 봄을 기다리는 "꽃"을 볼 수 있다.

> 순리란
> 막는다고 막아지는 것이 아니라는 것을
> 꽃 피워 똑똑히 보여주리라
>
> 영원한 시련과 고통은 없다는 것을
> 활짝 피어 희망으로 증명하여 보여주리라
>
> 아직은 바람이 거세고 차갑지만
> 내 여린 몸을 흔들어대도
> 나는 의연히

나의 봄을 기다릴 것이다

　　　　　　　　　　　　　-「바람꽃」부분

　나의 봄이란 무엇인가. "순리란/막아지는 것이 아니라는 것" "영원한 시련과 고통은 없다는 것을" 꽃 피는 봄을 통해 "희망으로 증명"하리라고 「바람꽃」에서 말한다. 꽃과 나무와 자연을 통해 시인은 무엇을 얻고자 하는가. 바로 「자유와 행복」이라 말한다.

　　이 꽃 저 꽃 넘나드는 나비처럼
　　창공을 날아가는 저 새처럼
　　훨훨 자유롭게 살아라

　　지나온 세월도 꿈이고
　　가야 할 세월도 꿈일지니

　　산정山頂의 고고한 현인보다는
　　혹한이 몰아칠 때 따뜻하게 몸을 녹여주는
　　숯 같은 사람이 더 빛나는 것

　　　　　　　　　　　-「자유와 행복」부분

결국 사람이 구가하고자 하는 삶은 무엇인가. "나비처럼 창공을 날아가는 저 새처럼" 시인은 자유로운 삶 속에서 "산정의 고고한 현인"보다 "따뜻하게 몸을 녹여주는 숯 같은 사람"이고자 한다. 자유와 행복이라는 순리 또한 그런 바람꽃 같은 인생을 통해 얻어 갈 수 있다.

3. 들풀의 세상살이, 나는 흐르는 구름이다.

2부는 시인이 보는 세상살이다. 시인은 문득 "우리는 어떠한 꽃을 피우며 살아가는 것일까"라고 묻는다. 지금까지 이겨온 것은 번쩍이는 위선과 불의. 용서는 치욕을 낳고 믿음은 배신을 낳고 정직은 만신창이를 낳았을 뿐이다, 라고 말한다. 또한 늘 찢김과 갈등의 삶에서 우리는 무엇을 얻고자 하는가, 라며 재차 시인은 묻는다. 그래서 시인은 꿈을 꾼다. 하지만 꿈꾸는 시인은 외롭다. 이로 인해 시인은 흘러가는 구름과도 밤하늘의 별과도 이야기한다. 시 「혼자라도」처럼 그렇게 그것들과 함께한다.

> 혼자 있어도 행복하다면,
> 흘러가는 구름과도

밤하늘의 별과도 이야기 나눌 수 있다면

고독한 자라도
외롭지 않다.

그렇지 못하다면
누구와 함께 있어도
외롭다.

- 「혼자라도」 부분

  시인은 묻는다. 삶은 무엇인가. 우리는 어떠한 꽃을 피우며 살아가는 것일까, 라고 묻는다. 시 「우리는 어떠한 꽃을 피우며 살아가는 것일까」는 이런 시인의 육성이 담겨 있는 작품이다. 그리고 그것은 1부에서 시화한 자화상에 대한 물음이기도 하다.

사람들도 꽃과 같다.
돈과 명예를 한 몸에 누리며 살아가는 사람들도 있고
남들이 알아주지 않아도
묵묵히 행복하게 살아가는 사람들도 있다.

남들이 행복할 것이라 여겨도
자신이 행복하지 않으면 행복하지 않은 거다.
남들이 측은할 것이라 여겨도
자신이 행복해 하면 행복한 거다.

나무든, 사람이든
모두 다 저마다의 꽃을 피운다.
어떠한 꽃을 피우는가는
자신이 알아서 할 일이다.

오늘 우리는
어떠한 꽃을 피우며 살아가는 것일까?

- 「우리는 어떠한 꽃을 피우며 살아가는 것일까」 부분

 돈인가, 명예인가? 그러나 시인은 저마다의 자신이 누리는 행복과 자유야말로 삶의 소중한 가치라고 말한다. 음양의 도와 같이 "남들이 행복할 것"이라고 해도 "자신이 행복하지 않으면 행복하지 않은 것"이고, "어떠한 꽃을 피우는가는 자신이 알아서 할 일"이라고 전언한다. 결국 모두가 내 탓인 것이다. 사정이 이러할 때, 시인이 피우는 꽃은 시이다. 「시인의 노래」에

는 저마다의 행복을 위해 노래 찾기를 하는 시인을 발견할 수 있다.

> 고요한 시간.
>
> 내 맘의 형태 닮은
> 닮은꼴 언어 찾기.
>
> 언어는
> 깨어진 유리 조각.
>
> 내 손은 찢기어 피에 젖는다.
>
> 끝없고 힘겨운
> 홀로의 작업.
>
> —「시인의 노래」 부분

시인의 청징하고 투명한 언어가 돋보이는 「시인의 노래」에서 "언어는 깨어진 유리 조각"이라고 말한다. 유리 조각에 "찢기어 피에 젖는다". 그런 피에 젖은 언어들을 통해 시인은 일갈한다. 세상사 풍파를 겪으며 이 일 저 일 말하고 있다. 몇 편의 시를 통해 확인할 수 있다. 가령 「그래서 사랑은」에서 "돌이켜보면 사랑하는 사람과 함께 바라보던 노을이 제일 아름다웠"고, "내가 제일 빛났을 때는 사랑하는 사람이 내 곁을 지켜주고 있을 때"라고 회고한다. 또한 「이 화상아」는 한때 당대의 지성으로 존경받던 인간의 주접을 보고 악취가 진동한다며 거세게 공격한다. 「호테형! 나 좀 도와줘!」는 때로는 정치인으로, 성직자로, 교직자로, 평론가로, 예술가로 교묘하게 변장하고 살며, 서로 좌파 물러가라, 가짜 보수 물러가라 하며 거의 매일 같이 서로 멱살을 부여잡고 죽기 살기로 다투는 무지한 동네 사람들을 보면서 시인은 말한다. 내일 죽더라도 한 그루의 사과나무를 심는 심정으로 한 아이라도 구하기 위하여 21세기형 야학교를 세울 수 있도록 "(돈키)호테 형! 나 좀 도와줘라!"라고 시인은 외친다. 이외에도 「소금鹽」에서는 아무도 관심을 두지 않는 향토민요 연구에 평생을 보낸 원로 여류 학자, 동네 맥가이버 할아버지 등 이런 이들이 바로 세상의 소금이라고 전언한다. 그래서 세상은 더 이상 썩지 않는다 말한다. 마지막으로 「일어서는 밤」에는 우리 사회의 비극이 적나라하게 보인다. 요즘 같은 시국에 주목되는 시이다.

독립투사였다는 아버지가 남긴 것은
판잣집과 가난뿐.
어제도 오늘도 내일도 약속된 것은 없었다.
어린 시절 만화 속의 악당이 비참하게 죽어가는 것을 보고서
우리 동네 친일파 나으리가 비참하게 죽는 것을
나이 먹도록 기다려 보았어도
그는 화려하고 안락하게 죽었고
신문 한쪽 귀퉁이에 원로 이 아무개 옹 별세라고
사진까지 얹혀 나왔다.

〈중략〉

고상한 분들이 클래식 감상을 하시는 이 밤.
하루치의 생존을 위해
분을 짙게 바르고
손님을 받는다.
나는.

- 「일어서는 밤」 부분

시인의 말하는 인간 사회의 이중성을 향한 분노를

노골적으로 드러내고 있다. 그러나 이 얼마나 가혹한 비극일 것인가. 그리하여 시인은 고상한 분들의 '이중성'에 대한 경계를 말한다.

예를 들어 「'챗GPT', 너에게 묻는다」에서 시인은 묻는다. '인생과 예술을 함부로 논하지 마라 너는 누구에게도 한 번이라도 뜨거운 인공지능이었느냐'라고. 이렇듯 현실에서 바라보는 다양한 인간 군상에 대한 비판이 있지만, 그럼에도 세상을 보는 시인의 눈은 여전히 따뜻하다. 이 과정에서 시인은 사람이 만드는 역사를 「강」과 같다고 생각한다.

> 역사는 강물과 같아서
> 가야 할 곳으로 도도히 흘러간다.
>
> 〈중략〉
>
> 역사는 강물 같아서
> 잠시 거슬러 올라갈 수도
> 멈추어 설 수 있어도
>
> 빛과 어둠,
> 기억과 망각까지 모두 거두어

도도히 흘러간다.

-「강」부분

시인에게 강은 화해와 공존의 표상이다. 물이 모이고 흘러서 길을 낸다. 기억과 망각까지 거두어 가는, 그런 너른 품과 같다. 그리고 바로 시인의 마음이 그렇다. 모든 강으로 모여 함께 하지만 '소중한 본질'이 모여야 한다고, 그리고 찾아야 한다고.

    보이는 것이 다가 아닐 거야
    보이지 않는 것이
    더 본질에 가까울 수도 있지

    들리는 것이 다가 아닐 거야
    들리지 않는 것이
    더 본질에 가까울 수도 있을 테니까.

-「소중한 본질」부분

살아가며 보고 들은 것만으로도 그냥 지나쳐 버린 수많은 것에 대한 본질을 시인은 본다. "보이지 않는 것이" "들리지 않는 것이 더 본질에 가까울 수 있다며 「소중한 본질」을 말한다. 현상 속에서 이면을 보고 창출하며 그런 속에서 인생의 소중한 본질을 보고 강처럼 도도히 흘러가자는 말이다. 그리하여 그는 자신의 삶에 에티타프epitaph를 정한다. 무념무상의 시공간으로 사라지면 그만인 것, 그래서 인생은 그냥 왔다 갔다고 한마디로 「나의 묘비명」을 결정한다.

> 누구에게나 오는 삶의 마침표.
> 몇 년 후가 될지
> 내일이 될지도 모르는
> 나의 마침표.
>
> 무념무상의 시공간으로 사라지면 그뿐인 것을
> 특별히 준비한다고 무엇이 달라질까.
>
> 내 묘비명에 이런 말이 제격일 거다.
> "김승국! 그냥 왔다 갔다"
>
> ― 「나의 묘비명」 부분

그 끝은 우리 천부경의 원리 일시무시일一始無始一이

다. 하나의 시작은 무에서 비롯된 하나이다. 그리고 일종무종일一終無終一로서 하나의 끝은 무이나 그 끝은 하나이다. 그냥 왔다 갔다 하는 그런 경지는 바로 모든 것을 비롯하는 무無의 경지이다. 없음. 곧 우리 삶은 그런 무상이다. 시인의 인생에 대한 결구結句이다. 시 「아라비아 숫자」는 0으로 시작하여 0에 도달하는 무의 세계를 논하는 작품이다.

>
> 0,1,2,3,4,5,6,7,8,9
> 너를 아라비아 숫자라고 부르면서도
> 아무도 너에게서
> 아라비아를 떠올리진 않아.
>
> 〈중략〉
>
> 모든 숫자는
> 더하고 빼고 곱하고 나눌 수도 있다지만
> 0에서 출발하여
> 다시 0으로 돌아오지.
>
> 기쁨, 노함, 슬픔, 즐거움 또한
> 더하고 빼고 곱하고 나눌 수 있겠지만

무無에서 출발하였기에

다시 무無로 돌아오지.

- 「아라비아 숫자」 부분

4. 진경산수의 진인으로 노는 '참자유' 예찬

제3부는 '참자유'를 위한 인생 예찬이다. 시인은 삶과 죽음의 연장에서의 인생은 곧 귀향이다, 라고 생각한다. 그리고 죽음을 말한다. 그날이 오면 모든 것을 이 세상에 다 내려놓고 사랑하는 이들에게 고마웠다, 행복했다고 작별의 인사를 고하고 미련 없이 담담히 떠나겠다고 말한다. 산화공덕의 마음으로 죽음을 노래하고 영원의 길에서 판소리, 연희, 남도홍타령. 육자배기, 탈춤, 처용무, 농악, 아리랑, 산조, 태평무, 강강술래, 검무, 줄다리기와 만나 한바탕 신명의 바다에서 시음詩音을 펼친다. 삶과 죽음이 인식론적으로 변주된 한바탕의 인생교향곡이다.

꿈인 듯 현실인 듯 머물러 가는 오늘

진경산수 속의 도인처럼

　　나물 먹고 물 마시며

　　노닐다 가면 되지

　　　　　　　　　　　-「꿈」일부

　인생이란 한바탕 꿈일지도 모른다. "진경산수의 도인처럼" "나물 먹고 물 마시며" "꿈인 듯 현실인 듯 머물러 가는 오늘"을 매일 살다가는 것이 인생이다. 해서 "왔다 갔고" "노닐다 가면 되지"라는 시구는 시인에게 일종의 도道에 해당한다. 도는 평상심이다. 그러기에 시「마음 편히 살고 싶다면」에서 원한은 물에 흘려보내고 은혜는 바위에 새겨 두라 한다. 진경산수에서 노니는 은자와 같은 도인의 사유로 말이다.

　　원한은 물에 흘려보내고

　　은혜는 바위에 새겨두라지만

　　원한은 바위에 깊이 새겨두고

　　은혜는 물에 가벼이 흘려보내는 이 많다.

　　마음 편히 살고 싶다면

고마움은 잊지 말고

베푼 것은 잊어버리렴.

- 「마음 편히 살고 싶다면」 부분

그리고 시 「사람만 특별한 존재일까」라는 시에서 김승국은 다시 묻는다. 세상살이의 의미를.

거리를 걷는다.

수많은 사람이 몰려오고 몰려간다.

저들은 무슨 생각을 하며 살까.

풀 나무나, 물고기나, 새들이나, 사람이나

세상에 왔다 가기는 마찬가지인데

사람만 특별한 존재는 아니겠지.

- 「사람만 특별한 존재일까」 부분

그래. 삼라만상 모두의 존재에 대한 보편성을 존중하는 해원의 세상을 본다. 모두 그 길을 향한다. 시인의 갈 곳이 있어 걸어가는 길인듯 하지만, 갈 곳 없이 그 길 위로 가는 무명의 길이 인생이다. 시 「길」은 어

찌 보면 그것을 개망초 가득 핀 정처 없는 빈들일 것
으로 진단한다.

> 비가 오고, 또 오고
> 흙바람 불고, 또 불어
> 그 길을 덮어버리면
> 개망초만이 가득히 피어나겠지.

> －「그 길」부분

그런 인생의 길 위에서 시인은 영원永遠을 만난다. 과거는 흘러간 것, 그러나 과거는 다시 돌아오는 것이다. 그리하여 시인은 과거로부터 현재를 자유롭게 해방하라고 말한다. 다음은 시 「과거는 흘러갔다」의 일부이다.

> 과거에서 현재를 배워야 하지만
> 과거는 흘러갔다.
>
> 〈중략〉
>
> 원망하는 마음도,

과거의 상처도,
　　모두 과거의 시간으로 돌려보내라.

　　과거로부터
　　현재를 자유롭게 해방하라.

　　　　　　　　　-「과거는 흘러갔다」 부분

　고금古今은 소통한다. 어제가 오늘이고, 오늘이 내일이고, 내일은 또 어제가 될 것이다. 과거는 흘러가지만 잊어서는 안 될 것이다. 그런 역사적인 진혼 속에서 시인은 영원을 노래한다. 백제의 찬란한 문화를 찬탄하는 「백제금동대향로」에는 이런 시인의 화려한 미의 경지가 드러난다.

　　천년의 세월 동안 묻어 두었던
　　백제의 슬픔과 영광을 말하고 싶었겠지

　　향로의 밑바닥엔 똬리 친 용이
　　세 다리는 바닥을 딛고
　　한 다리는 위로 치켜올리며
　　힘차게 승천하누나

〈중략〉

유불선儒佛仙이
함께 어우러진 대향로大香爐는
심오한 향불 피우네

부처님께선
"가마솥의 국물을 다 마셔봐야 그 맛을 알겠느냐,
한 수저만 맛을 보면 알지"라 하셨지

"백제를 알고 싶냐.
나 하나만 보면 안다"라고
백제금동대향로가
부처님 음성으로 말하는구나.

– 「백제금동대향로」 부분

이 시를 통해 시인이 염원하는 절대 자유의 참된 의미를 짐작할 수 있다. 유불선을 넘어서는 풍류의 경지이다. 풍류는 단순히 말하자면 한자어 뜻 그대로 노는 것이다. 그리고 시인이 구가하는 자유의 경지에 남도흥타령이 놓여 있다. 소리를 따라 시름이 흥이고 홍이 시름이며 슬퍼서 홍이 나는, 그 같은 절대 놀음도 한다. 그렇기에 시인은 「남도 홍타령」에서 "복사꽃이 바람에 떨어지는 밤/홍타령 소리가 아련히 달빛 타고 들려온다고" 노래한다. 이쯤에서 남도소리의 진국 「육자배기」에 대한 시인의 해석을 살펴보자.

얼씨구! 이 작품에서 서정적 주체는 육자배기를 어린 나를 잠재우던 '어머님의 손길', 그리움, 한숨, 눈물을 노래로 다독여 잠재우는 우리네 삶이 그대로 녹아있는 피이자 살이라고 노래한다. 시인은 소리의 정곡을 찌른다. 소리에 홍이 더하고 이는 우리 민족의 근원에 다가간다. 이 근원지 부근에 처용이 있다. 처용은 관용과 관대함이다. 처용의 노래 처용가를 부르며 오방의 장엄한 춤사위로 추는 처용무를 춘다. 그리고 신라 관창을 기리는 검무를 통해 애국과 벽사 辟邪의 의미를 말한다. 그리고 오늘날 한국음악을 대변하는 판소리와 산조를 논한다. 시 「판소리」에서 시인은 말한다. "판소리는/소리광대가/길동무 고수鼓手의 북 반주에 맞춰/한 권의 대하소설을/노래로 풀어놓는 것"이라고. "그래서/'길이 아니면 성음도 아니다.'라는 말이 있고/소리꾼에게는 성음과 길과 장단은/소리의 생명과도 같지"라며 "어느 나라의 성악에서/한 편의 대하드라마가 들어가 있고/다양한 음색에 의한 목 성음과/목 성음의 변화를 가진 성악이 있을까?"라고 진술한다. 그 결과 시인은 "판소리는 우리의 음악이자 혼이며, 역사이다"라고 최종적으로 결론을 짓는다.

한편 「산조散調」에서는, "산조散調는/인생과 자연의 모습을/가야금 소리로, 거문고 소리로, 대금 소리로,/때론 피리, 해금, 아쟁 소리로/그려낸 독주곡"이라 하며 "살포시 불어오는 바람의/잔잔한 숨결 소리이기도 하다가/노도怒濤와 같이 거센 숨결로/대나무 숲을 흔들어대는 바람 소리"로 이해한다. "산조는/빛과 어둠,/긴장과 이완을 오가고//물과 같아/때로는 시냇물처럼 유유자적하게 진양조로 흐르다/때로는 폭포처럼 격정적인 휘모리로 흘러내리다가/다시 거대한 강물을 이루어 조용히 마무리"하며, "산조에는/기쁨과 노여움, 그리고 슬픔과 즐거움/절정과 쇠락함/모든 삶의 모습이 그려져 있고/황톳길 흙냄새와/풋풋한 풀향기와/때론 들꽃 향기로 가득하다"라고 말하고 있다. 이처럼 여러 시편들에서 김승국은 느린 진양조에서 보통의 중모리 그리고 빠른 휘모리로 몰아가는 산조의 장단 흐름을 타고 온갖 선율을 담아 놀리는 산조의 경지를 시인 나름의 향토적인 언어로 산조를 풀어낸다. 그리고 여기에 한국음악의 원초성을 볼 수 있는 「아리랑」, 「탈춤」, 「농악」, 「강강술래」, 「줄다리기」 등의 소재가 시적으로 표현되고 있다. 시로 풀어내는 알기 쉬운 한국음악의 본질이 담겨 있다. 그의 시편들은 하나하나 음미할 만한 노래시라고 할 것인데, 바로 여기에 이 시인의 위대함이 있다. 시인은 언어의 세공사이다. 때로는 미적 거리가 있는 시적 표현으로 공감대를 형성하지만, 시인이 빚어낸 언어의 폭포와 같은 풍경은 실로 가공할 만하다.

5. 인생은 왔다 간다. 늘 처용처럼, 관용과 용서의 빈 마음으로

김승국 시인은 시를 통해 그 자신의 적나라한 삶의 역사를 솔직하게 보여주고 있다. 그의 시는 솔직하다. 가식이 없다. 살아온 삶에 대한 진지한 반성적 성찰을 동반하여 그의 독자들을 진지한 삶에 대한 사유의 장으로 유도한다. 그리고 함께 어우러지는 공동체적 삶에 대한 반성을 촉구한다. 삶과 죽음의 근원적 의미는 무엇일까. 그의 묘비명으로 채택된 "김승국 왔다 갔다"의 심층적 의미는 무엇이었을까.

분명 우리는 가면 가고 오면 오는 그런 초연함 속에서 산다. 살아간다. 아라비아의 숫자지만 0이란 무의 의미를 되새기며 처용처럼 관용과 용서를 말한다. 그리고 오랜 우리 민족의 삶과 역사의 숨결을 노래한다. 육자배기의 흥과 신명 속에서 아리랑을 부르고 강강술래를 한다. 오늘날 우리에게 온 처용의 노래를 통해 우리는 우리 자신의 삶을 경외할 것이다. 마지막 3부에서 보는 영원의 노래들, 국악시야말로 이 시집의 백미이다. 두고두고 노래할 것이다. 김승국 그는 소리꾼이자 추임새를 넣으며 장단을 맞추는 고수가 되어 새로운 노래시를 만들었다. 시여 노래하라. 이 시집의 위대함이 여기에 있다.

김승국 金承國

1952년 인천 출생. 『문학세계』와 『자유문학』으로 등단. 시집 『잿빛 거리에 민들레 피다』, 『쿠시나가르의 밤』, 『들꽃』과 수필집 『김승국의 전통문화로 행복하기』, 『김승국의 국악, 아는 만큼 즐겁다』, 『인생이라는 축제』, 『김승국의 문화상자』 등이 있음. 1970년대 예술·건축 종합잡지 월간 『공간空間』 편집부 기자로 문화예술계에 입문하여 서울국악예술고등학교 교감, (사)전통공연예술연구소 소장, 노원문화예술회관 관장, 한국문화예술회관연합회 상임부회장, 수원문화재단 대표이사, 노원문화재단 이사장 역임. 현재 전통문화콘텐츠연구원 원장 및 월간 『객석』, 『뉴스퀘스트』, 『서울문화투데이』, 『문학세계』 고정 칼럼니스트로 활동 중. 대한민국 문화예술상, 자유문학 문학상, 문학세계 문학상, 서울문화투데이 문화대상, 기산 박헌봉 국악상 등 수상.